CW00470076

Chakras para principiantes

La guía definitiva para equilibrar y sanar tus chakras. Meditación guiada de atención plena para abrir tu tercer ojo e irradiar energía positiva a través de las enseñanzas de reiki [Chakra for Beginners, Spanish Edition]

Michelle Alcantara

Copyright © 2021 por Michelle Alcantara Todos los derechos reservados.

El contenido que aparecen en este libro no puede ser reproducido, duplicado o transmitida sin la autorización directa por escrito del autor o el editor.

En ningún caso, ningún tipo de culpa o responsabilidad legal llevarán a cabo contra el editor o autor, por cualquier daño, la reparación o pérdida monetaria debido a la información contenida en este libro, ya sea directa o indirectamente.

Aviso Legal:

Este libro está protegido por derechos de autor. Es sólo para uso personal. No se puede modificar, distribuir, vender, usar, cita o paráfrasis de cualquier parte, o el contenido de este libro, sin el consentimiento del autor o editor.

Descargo de responsabilidad Aviso:

Tenga en cuenta la información contenida en este documento es para fines educativos y de entretenimiento. Todo el esfuerzo se ha ejecutado al presente precisa, actualizada, fiable, completa. No hay garantías de ningún tipo se declaran o implícita. Los lectores reconocen que el autor no está participando en la prestación de asesoramiento jurídico, financiero, médico o profesional. El contenido de este libro ha sido derivado de diversas fuentes. Por favor, consulte a un profesional con licencia antes de intentar cualquiera de las técnicas descritas en este libro.

Mediante la lectura de este documento, el lector está de acuerdo en que bajo ninguna circunstancia es el autor responsable de las pérdidas, directas o indirectas, que se ha incurrido como resultado del uso de la información contenida en este documento, incluyendo, pero no limitado a, errores, omisiones o inexactitudes.

Tabla de contenidos

Introducción

¿Cuáles son los chacras?

Hay más en este mundo de lo que parece a simple vista-más en la vida, la salud y la felicidad.

Para la gran mayoría de la gente la historia humana, entendieron que vivían en un mundo dual. No era el mundo de la materia que pudieran ver con sus ojos, tocar con sus manos, y el gusto con sus lenguas. Pero también comprendieron que había algo más allá del mundo físico, un reino que podían sentir en lo más profundo de su ser. Era una zona que estaba fuera del mundo de la experiencia normal, y, sin embargo, de alguna manera más real en momentos que el mundo de los siete sentidos.

Este mundo más allá de la física se conoce como el mundo de la energía o espíritu. No es un universo paralelo que está desconectado de la realidad física, sino más bien como otra capa de la realidad que se encuentra en la cima del mundo que vemos e interactúa con él en algunos aspectos muy importantes.

Los chacras son los puntos en los mundos físico y espiritual se unen. Se conectan su cuerpo espiritual a su cuerpo físico, y conectan sus energías espirituales con las energías del universo que le rodea.

La palabra chacra proviene del sánscrito, una de las lenguas antiguas e influyentes del mundo. La raíz de la palabra exacta es chacra, lo que significa rueda ("Chacra"). Cualquiera que haya estudiado el budismo reconocerá la rueda como símbolo para el eterno fluir de la energía de la vida. Así que tiene sentido que la palabra se convertiría en un término para los "órganos espirituales" que faciliten el flujo de energía entre nosotros y el universo que nos rodea.

Sé que mientras que algunos de ustedes aceptar estas explicaciones también entiendo que otros serán más escépticos. Vivimos en una época de materialismo, donde las personas se les enseña que la materia es todo lo que hay y que no puede creer lo que no vemos con nuestros ojos. Pero si se estudia la vanguardia de la ciencia verá que comparte más en común con la visión del mundo espiritual que cualquier escéptico que adivinar.

La física cuántica nos enseña que no hay ninguna barrera entre la materia y la energía (Strassler). Stephen Hawking cree que los agujeros negros podrían ser utilizados para los viajes entre dimensiones paralelas (Griffin). Y los estudios han demostrado que la gran mayoría de la materia en el universo es completamente desconocida para la ciencia humana (Verlinde). Esta materia oscura es la última señal de advertencia para cualquier persona que pueda creer que la ciencia física por sí sola nunca podría explicar todo lo que existe.

¿Cómo funcionan los chacras?

La energía está en constante movimiento. Está constantemente fluye en nuestro cuerpo, de nuestro cuerpo, y dentro de nuestros cuerpos. Este flujo de energía es la esencia de la vida.

Pero mientras que la energía es esencial para la vida, no todas las energías están sanas. Parte de la energía es tóxico. A veces generamos energías tóxicas nosotros mismos y a veces entra en nosotros desde el mundo exterior. En cualquiera de los casos, los chacras no sólo actúan como puertas a través del cual los flujos de energía, sino que también ayudan a limpiar las energías que pasan a través de nosotros. Saludable y chacras claras limitan el flujo de lo negativo, tóxicas, y las energías destructivas al tiempo que maximiza el flujo de energías positivas, saludables y constructivas.

Puede comparar los chacras a ciertos órganos en el cuerpo físico. Piense en cómo el hígado filtra los materiales tóxicos por lo que no se propagan a través de nuestro cuerpo y nos destruyen. Ofrece un nivel básico de protección, pero sus habilidades pueden ser vencido si se siente abrumado o dejar que se deteriore.

Lo mismo ocurre con sus chacras. Si se toma en energías negativas más rápido que sus chacras puede tratar con ellos, entonces pueden surgir problemas graves. Sus energías espirituales serán arrojadas fuera de equilibrio, dando lugar a una serie de riesgos emocionales, espirituales, e incluso físicas.

Es importante entender que los chacras son tan importantes para su bienestar como órganos como los pulmones o el hígado. Pero mientras la mayoría de la gente sabe las cosas básicas que necesitan para hacer para cuidar de su cuerpo físico permiten que su ser espiritual a las caries. Esto puede ser una razón por la que muchas personas se sienten espiritualmente modernas sin cubrir en a pesar de que nunca ha habido un mayor nivel de riqueza material.

¿Por qué son importantes los chacras?

Para entender la importancia de los chacras debemos reiterar el hecho de que existe vida en dos dimensiones, lo físico y lo espiritual. Los chacras actúan como puertas de enlace entre nuestros cuerpos físicos y espirituales. Conectan la materia que vemos con nuestros ojos a la energía que nos sentimos por dentro.

Al igual que nuestros cuerpos físicos son impactados por el entorno físico que nos rodea, nuestro ser espiritual se ven afectados por las energías que nos rodean. Desde nuestros chacras son la puerta de entrada entre lo espiritual y lo físico, que son especialmente susceptibles a las influencias negativas que pueden venir desde fuera de nosotros, o desde dentro de nosotros.

Una vez que entienda la dualidad de la naturaleza se puede apreciar el hecho de que la salud espiritual es tan importante como la salud física. Si sólo se toma el cuidado de su cuerpo físico, pero ignora su yo espiritual, entonces usted se está dejando abierto a todo tipo de problemas. Es como alguien que mira en el espejo y no asume que son saludables porque no ven ningún signo de enfermedad. Ahora sabemos que algunas de las enfermedades más mortales pueden desarrollar fuera de la vista del ojo desnudo. Imagínese la podredumbre espiritual que puede ocurrir si alguien no se ocupa de las energías básicas de la vida que los sostienen.

Beneficios de Chacra Healing

Si usted tiene un problema físico debe consultar a un profesional médico capacitado. Ellos le ayudarán a buscar signos de enfermedad física y se le indica sobre la forma de cuidar de su cuerpo físico.

Nada en este libro se pretende sugerir que los médicos y la medicina deben ser evitados. El punto es que hay diferentes tipos de curación. El mundo está lleno de personas que parecen tener cuidado perfecto de sus cuerpos, sino experimentar todo tipo de problemas emocionales y espirituales. Los traumas personales de los deportistas de élite que han dedicado sus vidas a sus cuerpos es una prueba de que debe haber algo más para vivir una vida plena y completa.

Chacra de la curación de las direcciones de muchas preocupaciones que la sociedad moderna no se ocupa. En un mundo que puede ser asquerosamente materialistas, la curación chacra nos llama a mirar más allá de las trampas de la esfera física.

Asimismo, si bien la curación chacra se ocupa principalmente de abordar los asuntos espirituales, eso no quiere decir que no puede afectar nuestra salud física. La ciencia ha demostrado que existe una relación entre la forma en que pensamos y lo que sentimos. Si usted entiende que el reino mental es un mundo de energía, íntimamente relacionado con nuestro espíritu, a continuación, se puede ver cómo la mejora de su salud espiritual puede mejorar su salud física.

La limpieza de sus chacras crea un flujo más positivo de energía. Que la energía fluya conduce a patrones de pensamiento positivo. Reacciona el cuerpo a que el pensamiento positivo con el aumento de la energía y la vitalidad.

La curación espiritual hay reemplazo para el tratamiento médico normal, pero un sinnúmero de personas en todo el mundo ha descubierto que pueden vivir vidas más felices y saludables a través de una combinación de tratamientos de salud física y espiritual.

En este libro vamos a ver en los siete chacras principales que cada ser humano posee. Vamos a aprender lo que cada chacra, signos a tener en cuenta cuando pueden surgir problemas con un chacra, y los pasos que puede tomar para limpiar cada chacra y restaurar el equilibrio.

Por favor, comprenda que este libro está diseñado para proporcionar una comprensión básica de estos asuntos. El estudio de la salud espiritual puede ser tan involucrados y en profundidad como el estudio de la salud física. Pero todo el mundo tiene que empezar en alguna parte y una vez que estás equipado con la información contenida en estas páginas que estarán mejor preparados que la mayoría de las personas para hacer frente a las luchas espirituales que pueden suceder a cualquiera de nosotros.

Capítulo 1: Raíz Chacra - Muladhara

Sobre el chacra

El primer chacra vamos a tener en cuenta es el Muladhara, también conocida como la raíz o chacra de la base. El nombre proviene de la "mula", palabras en sánscrito que significa raíz, y "adhara", es decir base. Por lo que es la raíz y la base chacra. Se le dio este nombre debido a que se encuentra alrededor de la raíz de la columna vertebral, que también puede ser entendida como la raíz del cuerpo físico. Esto se cree que es la razón por la cual el chacra raíz tiene un gran impacto en nuestra salud física y el bienestar.

Mientras que cada chacra está conectado al cuerpo, cualquier problema con el chacra de la raíz pueden tener un impacto especialmente pronunciada en nuestro sentimiento de conexión con el mundo físico. Este es un chacra que ayuda a controlar la mayoría de nuestras necesidades básicas de supervivencia y las funciones corporales y nos advierte del peligro inmediato. Cuando los tiempos se ponen peligrosas, este es el chacra que ayuda a mantenerlo vivo.

Cuando el chacra raíz está sano, ayuda a sentirse seguro. Se le conecta con la naturaleza a su alrededor y le ayuda a sentirse cómodo en su propio cuerpo. Un chacra raíz clara le dará una sensación de abundancia, que le permite mantener la calma, incluso cuando se ven amenazados con la pérdida. Cuando se equilibra el chacra de la raíz puede sentirse seguro, tranquilo y sano.

El primer chacra es que a menudo se pasa por alto, pero esto es un error. El chacra de la raíz es la base de todo el sistema de chacras, todos los otros saldos de chacra en la parte superior de la raíz. Si la raíz no está equilibrada, entonces nada más puede ser. Este chacra es el fundamento sobre el cual sus restos salud espiritual. Tratarlo en consecuencia.

Los síntomas de la obstrucción

Cuando el chacra raíz está bloqueada que puede conducir a la ansiedad, el estrés y el desprendimiento. Puede ser difícil para sentirse a gusto en el mundo físico. También es común experimentar una sensación pronunciada de la preocupación de los artículos de primera necesidad. Un chacra raíz bloqueado puede dar lugar a preocupaciones de material inminente o pérdida física.

Recuerde que este chacra regula su sentido de autoconservación. Cuando éste se bloquea por energías negativas en sus instintos naturales sanos se retuercen. En vez de usar el sentido común a tener en cuenta las amenazas graves, es posible empezar a ver peligros en todas partes. La paranoia y la ansiedad son los síntomas a tener en cuenta con. Y vive tu alma con estas emociones negativas que podría volver a sentir estresado, desconfiado, y rápido para morder a los que te rodean.

El dolor físico relacionado con el chacra de la raíz tiende a concentrarse alrededor de la base de la columna vertebral y la irradian hacia fuera. Un dolor de espalda baja o dolor es un signo común. Problemas con las caderas piernas superiores también son comunes. Por último, si usted está experimentando problemas con sus órganos reproductivos de la fuente podría ser el chacra raíz cerca, aunque se verá que esta es un área donde existe una superposición entre diferentes chacras.

La identificación de chacra raíz bloqueado

Un chacra raíz bloqueado puede manifestarse de varias maneras. En esta sección vamos a ver una lista de señales. Comparar los rasgos enumerados con el suyo propio.

- Una sensación de estar a la deriva o sin raíz
- vagos temores de pérdida de material
- preguntas persistentes acerca de la identidad personal
- Una fijación en la riqueza y los bienes materiales
- Constante falta de energía
- El gasto excesivo o un rechazo ilógico que gastar dinero
- Pérdida de la pasión romántica
- Una incapacidad para formar conexiones significativas
- piernas y / o las caderas Rígida
- La pérdida del control emocional

- El dolor de espalda
- Una incapacidad para sentir confianza
- La impotencia sexual

¿Como hiciste? ¿Usted se encontró asintiendo a lo largo de la mayor parte de esos signos o qué dejaron que la sensación de frío? Si presenta alguno de estos síntomas entonces usted debe considerar el equilibrio de su chacra de la raíz, pero si usted presenta tres o más, entonces es urgente que se tome acción.

Tratar con problemas de salud espiritual es como el manejo de problemas de salud física, más pronto podrá tomar medidas, mejor. Cuanto más tiempo se deje intimidar hacer frente a sus problemas de más difícil que será para manejar una vez que realmente tome acción.

El balance de su chacra de la raíz

Si bien hay muchas maneras de cambiar el estado de los chacras, una de las maneras más efectivas es a través de la meditación. Hay una razón por la que la meditación y prácticas como el yoga están tan atados al sistema de chacras, que fueron desarrollados en conjunto como se identificaron problemas y se encontraron soluciones.

- Encuentra una zona tranquila y clara en la que no se verá afectado durante diez minutos a media hora.
- Sentarse con las piernas cruzadas y la espalda apunta directamente hacia arriba.

- Cierra tus ojos. Ahora imagine su cuerpo. Seguir la curva de la columna vertebral de la parte superior de su cuello todo el camino hasta el cóccix. Ahora la foto de su chacra raíz como una pequeña luz roja cerca de su cóccix.
- Como se imagina el chacra, ver la forma en que se hace más grande. Siente la energía que irradia de él.
- Ahora imagina que la luz de su chacra comienza a extenderse hacia abajo en el piso de abajo. Alcanza hacia abajo en el suelo y sigue adelante. Alguna vez hacia abajo se precipita, hasta que se conecta con el núcleo de la tierra.
- Sentir la conexión se comparte, el centro de tu ser conectado con el centro de nuestro planeta. Siente fluir la energía hacia arriba desde el núcleo de la tierra en su cuerpo, entrando a través de su base y que fluye a lo largo de usted.
- Imagínese que un calor se propaga desde su base, irradiando hacia fuera como el que brillará No Eres imagen externa. Sentir la sensación de calor de la unidad con la tierra en todo su poder, majestad y la estabilidad. Reconoce que eres parte de algo mucho más grande que tú.
- Una vez que se llega a un lugar donde se siente tanto a tierra y relajado, aferrarse a la imagen en su cabeza y vivir el momento. Siente tu cuerpo, ya que se conecta con la tierra. Descansar en su confianza y seguridad para todo el tiempo que siente que necesita.

- Después de sentir que es hora de volver es posible abrir los ojos una vez más. No se mueva de forma inmediata. Mantener su posición durante un par de minutos más medida que la transición lentamente de nuevo en el mundo físico y todas sus sensaciones.
- Ponte de pie y va hacia atrás, la comprensión de que ha restaurado al menos algo de su tierra.

mantra chacra raíz

Si alguna vez has visto a alguien meditando en un programa de televisión o una película que podría haberlos oído repetir un sonido particular, mientras que lo hicieron. Mientras que los medios de comunicación a menudo no representan con precisión el verdadero espiritualismo, hay algo de verdad en esta representación. El sonido que se repite se llama un mantra. Es un sonido especial que se ha encontrado para resonar con un chacra en particular al tiempo que ayuda a enfocar sus energías mentales.

Si usted está teniendo dificultades para concentrarse durante la meditación en el chacra de la raíz, y luego considerar el uso del "LAM" sílaba a enfocar sus energías. Se puede decir alto y claro, susurro, o incluso sólo tiene que repetir en el interior de su mente. Lo importante es que lo dice en repetidas ocasiones y rítmicamente. Muchas personas repiten su mantra cada vez que exhala, como el proceso de hablar, naturalmente, empuja el aire fuera de su cuerpo.

El sonido no significa nada, literalmente, sino como lo repites es posible que una definición más profunda revela a usted. Se trata de un sonido elegido para hablar con los sentimientos profundos asociados con el chacra raíz, pidiendo a su energía para corregir su flujo y lograr la armonía.

afirmaciones chacra raíz

Otra técnica vocal que se puede utilizar para ayudar a equilibrar su chacra raíz está afirmaciones. Estos son poderosas declaraciones que ayuda a enfocar sus energías y reorientar su forma de pensar. Si bien nuestro pensamiento da forma a lo que decimos, se ha encontrado que las palabras que usted dice también pueden cambiar su forma de pensar.

Aquí están algunas afirmaciones chacra raíz:

- Tengo una vida de seguridad y protección.
- Estoy protegido, mi espíritu no puede ser dañado.
- Me vi por espíritus amorosos, al abrigo de su energía.
- Comparto una conexión indisoluble con la tierra debajo de mí.
- Tengo una vida de abundancia y no quiero.
- El universo proveerá para mí en mi tiempo de necesidad.
- Tengo suficiente y estoy contento con lo que tengo.

Esta lista no es exhaustiva. Observe los temas de seguridad, seguridad, abundancia y de puesta a tierra. Piense acerca de cuál de estos temas que usted siente que necesita para meditar y tratar de llegar a una afirmación personal que le mueva en una dirección positiva.

Escoja uno mantra y decir a sí mismo con toda la sinceridad que puede reunir. A continuación, seguir repitiéndolo, vertiendo su convicción en cada palabra. Hacer ciclo no sólo a través de mantras sin pensamiento, realmente enfocar sus energías en el mantra que nos ocupa.

La curación de su chacra de la raíz

Una vez que haya restaurado una cierta apariencia de equilibrio a su chacra de la raíz, que tendrá que tomar medidas adicionales si desea curar cualquier daño duradero que podría haber hecho para el chacra.

Retorno a la naturaleza

El chacra de la raíz tiene una importante relación con el planeta en que vivimos y la vida natural que brota de ella. Si se corta la llamada de la naturaleza, entonces usted tendrá un tiempo muy difícil equilibrar este chacra. Por lo tanto, salir de su casa u oficina durante algún tiempo y tratar de llegar lo más cerca de la naturaleza como sea posible. Con suerte, puede salir de la ciudad y en un área que es más salvaje, pero también se puede obtener una gran cantidad de beneficios de ir a un parque de la ciudad. Lo importante es que usted se acerca a la tierra.

Cuando sales, tratar de conocer de cerca y personal con la naturaleza. Quitarse los zapatos y sentir la tierra y hierba entre los dedos. Acostarse en un campo y sentir la tierra en toda su majestuosidad que sostiene. Darse un baño en un río y se siente a sí mismo corriendo por las venas de la Madre Tierra. Cuanto más cerca se puede llegar a la naturaleza mejor. Usted no tiene que hacer nada que te hace demasiado incómodo, pero si se puede empujarse fuera de su zona de confort, aunque sea un poco, a continuación, se puede ver algunos resultados reales.

Comer alimentos más naturales

Otra forma en que la sociedad moderna nos recortes del resto del mundo natural es en el ámbito culinario. Las dietas modernas están llenas de alimentos procesados y artificiales. Comemos comida hecha en fábricas que utilizan materiales que fueron creados en los laboratorios. No es de extrañar que nos sentimos separados de la naturaleza cuando las mismas células de nuestro cuerpo se alimentan de sustancias químicas extrañas.

Al comer una dieta más orgánica, natural puede ayudar a volver a conectar con la naturaleza y la tierra su energía. Comer más frutas y verduras es especialmente importante para su salud física y espiritual. Este truco puede ir con cada chacra, pero si usted quiere centrarse en el chacra raíz, a continuación, tratar de comer la comida que viene del subsuelo. Las hortalizas de raíz como las zanahorias y las patatas provienen de debajo de la tierra, para que puedan ayudarle a ser conectado a tierra. Puede sonar tonto, pero si usted lo intenta puede encontrarse con que funciona.

un estilo de vida más vivo minimalista

Un gran problema que enfrenta la sociedad moderna es el materialismo. Estamos constantemente bombardeados por mensajes de empresas, todos ellos nos dicen que somos incompletos y que sólo tienen lo que se necesita para sentirse completa. Es fácil creer en ellas, porque cuando hacemos compras nos sentimos bien, pero que el placer no dura. Ir de compras puede convertirse fácilmente en una forma de adicción socialmente sancionado.

Pregúntese, ¿verdad es dueño de sus posesiones, o hacer que poseen? Trate de cortar en las compras y limpiar el desorden de su espacio vital. No es necesario para deshacerse de todo, pero ayuda a reconocer que se puede vivir muy bien sin la mayor parte de la sociedad de las cosas dice que necesita. Una vez que se da cuenta que no es necesario bienes materiales para ser feliz, y que podría ser aún más feliz sin ellos, usted liberarse de su agarre.

La importancia de la atención regular

Por favor entender que el cuidado de su salud espiritual es similar al cuidado de su salud física; se trata de un esfuerzo de por vida. Al igual que usted no se cepilla los dientes una vez y pensar que siempre tenga los dientes libres de placa, no se puede meditar una vez y olvidarse de un chacra. Trabajando mantenimiento espiritual regular en su rutina diaria es clave si se quiere lograr la salud espiritual y equilibrio duradero. Puede parecer desalentador, pero si se toma las cosas un paso a la vez que pronto se preguntará cómo ha podido vivir sin sus nuevas prácticas.

Capítulo 2: chacra sacro - Svadhisthana

Sobre el chacra

El siguiente chacra que vamos a ver es la Svadhishthana, comúnmente conocido como el chacra sacro. Este chacra está muy cerca de la chacra de la raíz, con su centro situado justo debajo del ombligo. Tenga en cuenta que este chacra está más cerca de la parte delantera de su cuerpo, mientras que la raíz es mayor en la parte posterior. Esta es la razón por el chacra sacro se piensa para gobernar los órganos reproductivos de la vejiga y, a pesar de que éstos son también bastante cerca de la raíz.

Otra cosa a entender acerca de los chacras es que no sólo se definen por la proximidad física, sino que también poseen características más profundas. Por ejemplo, el chacra sacro se cree que es una fuente de energía sexual y creativas. Esto ayuda a explicar su relación con los órganos reproductivos, que son clave para el acto físico del amor y de la creación de la vida humana.

Cuando usted tiene un chacra sacro clara y saludable que son una fuente de energía positiva que atrae alegría y comunión. Estar con amigos y seres queridos es placentero y satisfactorio en lugar de tediosa o doloroso. Un chacra sacro clara ayuda a disfrutar el lado brillante de la vida, la búsqueda de la alegría en las cosas positivas que haces. También abre los pozos de la creatividad, que le permite convertir las visiones en la cabeza en la realidad. La limpieza de este chacra conduce a la vida alegre, relaciones sanas, y la abundancia creativa.

Este es un chacra donde impulsos primarios cumplen con algunas de nuestras emociones más profundas. Es otro chacra inferior que es fundamental. Subestimar este chacra a su propio riesgo.

Los síntomas de la obstrucción

Cuando el chacra sacro se bloquea inhibe el flujo de energía creativa en todo el cuerpo. Esto lleva a la gente a ser menos creativo o apasionado de la vida. Una especie de apatía se convierte en común como la gente comienza a sentir que están simplemente sobreviviendo en lugar de vivir una vida con propósito.

Otro síntoma de bloqueo es un aumento de la preocupación que rodea la mortalidad. Los individuos con chacras sacros bloqueados a menudo se encuentran fijarse en la muerte, ya sea por cuenta propia o que están cerca de ellos. Puede convertirse en una obsesión por consumir. De repente se siente como la muerte está al acecho en cada esquina.

Más allá del reino mental, un bloqueo chacra sacro también puede manifestarse en problemas físicos. temas sacros pueden conducir a una pérdida de fuerza física y la energía. Esto a su vez puede conducir a un riesgo mayor de adicción con respecto a cualquier cosa que pueda proporcionar energía artificial. Café y té adicciones son comunes, pero las adicciones a drogas más duras también son posibles.

Por último, debido a la dimensión sexual del chacra sacro, bloqueos pueden también conducir a la disfunción sexual. Los órganos reproductores pueden dejar de comportarse como es debido, ya que son drenados de las energías apasionadas que normalmente los lleva. Una pérdida de deseo sexual es también un síntoma potencial.

La identificación de chacra sacro bloqueado

Los bloqueos en cada chacra pueden manifestar en una variedad de maneras diferentes. Una vez más vamos a estar buscando en una variedad de signos que pueden indicar un chacra sacro bloqueado. Lectura en voz alta y ver cuántos se puede relacionar con.

- miedo elevado de muerte
- La pérdida de la creatividad
- Incesante autocrítica
- fatiga persistente
- No tiene sentido de la motivación o la unidad
- Una sensación de poca importancia
- La preocupación por la mortalidad
- temores constantes que rodean su vida amorosa
- confusión generalizada que rodea a sus emociones
- La sensación de que usted es un marginado
- Una caída repentina en el deseo sexual
- Las tendencias hacia las adicciones

- La impotencia sexual

Si usted está experimentando cualquiera de estos síntomas, entonces usted debe buscar en el equilibrio de su chacra sacro. Cuanto más se está tratando, o cuanto más severos son, cuanto antes se debe comenzar el proceso.

Equilibrar su chacra sacro

Si usted quiere dominar sus emociones, recuperar su creatividad y fomentar una sexualidad sana, entonces usted necesita para equilibrar su chacra sacro. Al igual que con cualquier otro chacra, hay muchos pasos que puede tomar, pero la meditación activa es una de las cosas más poderosas que puedes hacer. Al unirse a su cuerpo, la mente y la energía espiritual en una causa común, puede hacer milagros.

1. Encontrar un área despejada y tranquila donde se puede pasar de cinco a veinte minutos de tiempo ininterrumpido.
2. Sentarse en el suelo en una posición cómoda, pero segura.
3. Cierra tus ojos. Comenzará a tomar, respira lenta y profundamente. Imagínese cada respiración como energía que fluye dentro y en dirección a la zona justo debajo del ombligo. Ahora imagine esa zona como un punto de luz naranja que lentamente se hace más grande con cada respiración.
4. Alcance abajo y toque el área que estás imaginando. Trate de sentir la energía pulsante fuera de él. masajear

lentamente su piel en forma circular, con un toque firme pero suave. Despertar su chacra con la energía de su alcance.

5. Imagine que su chacra brillante brillante, ya que despierta. Sentir el poder que tienen en su interior. Continuar a respirar con regularidad, sintiendo toda tensión salir de su cuerpo mientras se toma el sol en el cálido resplandor de la energía de su chacra.

6. Como usted se sienta en la paz y la calma, sentiría si su chacra que está apuntando en una dirección en particular. En la quietud del momento en que debe estar alerta a cualquier cosa que entra en su mente, sobre todo si es emocional.

7. Si una preocupación emocional viene a la mente no huir de él. Permítase sentir cualquier emoción que pudiera ser. Experimentar en su plenitud, si es agradable o no. Date permiso para sentir la forma de hacer.

8. Imagínese la emoción como un color. Imaginar algo que se siente apropiado en el momento. Ahora imagínese que el color tirando hacia fuera de su cuerpo y tirarlo hacia el cielo. Entonces imaginar un arco iris entero de colores, con cada color representa una emoción diferente.

9. Sentir la belleza de los colores y la profundidad de su emoción. Entonces se puede imaginar que todos los colores descender en el resplandor naranja de su chacra sacro.

10. Medita en el hecho de que todas las emociones que siente ayudan a hacer que lo que eres. No se rechaza

otra cosa que aceptarlo todo. Darse cuenta de que no hay una emoción que define, y que ninguna emoción es su maestro.

11. Imagine los colores de tiro hacia atrás hacia el universo. Los colores se conectan con una constelación de otros chacras naranja, que conecta a toda la humanidad en una gran red de energía eterna.

12. Mantenga este pensamiento en su mente. Sentir la conexión, el poder y la aceptación. Respirar profundamente y encontrar descanso en el orden del universo. Permanecer sentado con los ojos cerrados durante el tiempo que se sienta cómodo.

13. Cuando se sienta listo para volver de la meditación, debe abrir los ojos lentamente. No haga ningún movimiento brusco. Permítase que regrese a la realidad. Saludar a todo a su alrededor con la aceptación caliente.

14. Levantarse en sus pies, estirarse hacia fuera, y seguir con su día. Saben que sus emociones no son sus enemigos y que no son de su maestro. Son una parte de ti, pero no te definen.

Este enfoque particular de la meditación le ayudará a lidiar con muchos de los problemas emocionales que surgen con frecuencia cuando su chacra sacro está fuera de equilibrio. Por supuesto, los problemas con el chacra sacro pueden tomar diferentes formas. No dude en hacer pequeños ajustes para que la meditación es a la vez cómodo y aplicable a las cuestiones que está tratando. No hay una forma de meditar, una vez que usted puede tomar medidas por su cuenta para tratar de satisfacer sus propias necesidades únicas será mucho mejor equipados para lograr y mantener el equilibrio.

mantra chacra sacro

Problemas con el chacra sacro a menudo pueden interferir en el acto de la meditación. Este chacra tiene el poder de nuestras emociones y conexiones más profundas. Cuando se preocupó que puede ser difícil pensar con claridad. Puede encontrar una habitación clara y tranquila, pero si su mente está en un estado de caos que puede ser difícil de lograr serenidad.

Mediante el uso de un mantra se puede cortar a través de algunos de los caos. La sílaba sagrada que representa el chacra sacro es "VAM". Debido a que los mantras no tienen significados literales que ayudará a perder el equipaje que se le puede llevar en el diálogo interno. Un bloqueo chacra sacro puede conducir a diálogo interno negativo, y este mantra puede ayudar silencio que.

La idea es que se está dando a su mente algo en qué concentrarse, además de sus preocupaciones normales y asuntos exteriores. Que está dejando atrás el mundo que gasta la mayor parte de su vida y entrar en un mundo de lo espiritual. Es por eso que las sílabas se utilizan en lugar de palabras. Estos sonidos podrían no tener sentido para ti al principio, pero si se mantiene su uso se dará cuenta de que cada mantra puede contener una gran cantidad de significados que ninguna palabra podría venir cerca de capturar.

afirmaciones chacra sacro

El chacra sacro también tiene su propio conjunto de afirmaciones. Estas afirmaciones le ayudarán a restaurar una vida emocional saludable al cambiar su enfoque mental. Cada vez que usted siente que necesita para encontrar el centro de su chacra sacro, sólo tiene que repetir una de estas frases.

- Tengo la energía de la creación dentro de mi cuerpo.
- Puedo manifestar mi visión a través de la acción que tomo.
- Reconozco la chispa divina en los que amo.
- No tengo ninguna vergüenza en mi sexualidad.
- Me siento cómodo en mi cuerpo, el cual fue creado con amor.
- Me llevar alegría a mis seres queridos con mi propia existencia.
- Estoy profundamente conectado a un universo de amor y posibilidades creativas.

Cualquiera de estas frases puede ayudar a equilibrar su chacra sacro, pero usted debe tratar de llegar a su propia. Los temas a considerar son la emoción, la conexión, la creatividad y la pasión. Reconocer lo que necesita y lo reclama en palabras en negrita. Es posible que tenga dificultades para creer sus palabras al principio, pero con el tiempo se puede llegar a enseñar a su cerebro para ver la vida de otra manera.

La curación de su chacra sacro

Una vez que haya identificado algunos de los problemas que tengas relacionada con su chacra sacro entonces se puede considerar lo que dura dañar esos problemas podrían haber causado. Tal vez su yo creativo ha sido suprimida o tal vez su pasión ha sido mitigada. Estos son temas que requieren tiempo para resolver, pero pueden dirigirse si usted está dispuesto a identificar sus problemas y poner en el trabajo necesario para lograr la curación.

Participar en la expresión creativa libre

El chacra sacro es muy creativo, pero muchos de nosotros vivimos vidas que no promueven la creatividad. Muchos sistemas modernos promueven la conformidad y una vez que interiorizar este mensaje que comienzan a vigilar nuestra propia creatividad. Si quieres volver a descubrir su ser creativo y equilibrar sus chacras, entonces usted necesita para aprender a liberarse de los sistemas de control.

Deje de preocuparse por lo que otros puedan pensar y empezar a expresar lo que hay dentro de ti. Levantarse y bailar, dejando la guía de la música que en lugar de las opiniones de sus compañeros. Ir hacer un dibujo y ponerlo en algún lugar donde nadie más lo encontrará. Salir a la calle y cantar una canción al mundo. Cuando se crea por el bien de ser creativo regresa de nuevo a su auto pura y alegre que existía antes de la sociedad que un lavado de cerebro en la creencia de la creatividad era malo. Recuperar su auto creativo y sanar tu chacra sacro.

Romper las relaciones no saludables

Si bien las cuestiones a veces con el chacra sacro pueden conducir a problemas de relación, la flecha de la causalidad apunta a menudo en la otra dirección. relaciones tóxicas liberan energías tóxicas, y las energías románticas o sexuales van a gravitar hacia este chacra. Esto significa que mientras que usted puede estar preocupado por cómo las cuestiones relacionadas con este chacra podrían afectar a su relación, podría ser que su relación es la causa raíz.

Recuerde, los chacras se ocupan de la energía en el exterior, así como la energía desde el interior. Si estás rodeado de gente tóxica, entonces será casi imposible de llevar a sí mismo en equilibrio, incluso si tiene la paciencia de un santo. A veces la única manera de curar realmente es separar a sí mismo de las personas que le están perjudicando o ayudando a perpetuar un ciclo dañino.

Tenga en cuenta la naturaleza eterna de Energía

Una de las cuestiones más difíciles de resolver que rodea el chacra sacro es el miedo a la muerte. Esta es una de las luchas que definen que cada cara debe humana y un tema que el mundo moderno no nos equipa para manejar. Modernistas y materialistas que niegan la existencia del reino espiritual de hacernos creer que nuestros fines existencia con la muerte de nuestro cuerpo material. Pero una vez que están en sintonía con la naturaleza dual de nuestra existencia, a continuación, se puede entender que estas limitaciones son un producto de la ignorancia.

Mientras que nuestros cuerpos físicos morirán, no estamos limitados a nuestras formas físicas. La realidad es que la energía se mueve y cambia constantemente. Esto se puede ver en la ciencia y en la espiritualidad. Una vez que entienda que la muerte no es el final sino una transición, entonces usted no tiene que temer él. Esto no quiere decir que se trata de la muerte volverá a ser fácil, pero sí significa que usted nunca tiene que dar en la desesperación.

Aceptate a ti mismo

Muchos problemas con el chacra sacro se refieren de nuevo a la autoimagen negativa. Muchas personas son sus peores enemigos, en constante meditación de pensamientos negativos y destructivos. Esto a menudo proviene de la idea de que hay un tipo perfecto de la persona y que somos de alguna manera defectuosa porque no encajan en ese molde perfecto.

Este tipo de pensamiento puede conducir a todo tipo de problemas. También es completamente ilógico. No se puede ser nadie más que la persona que eres. Si bien se puede cambiar con el tiempo, si no se acepta a sí mismo ahora que nunca lo hará. Comprenda que su valor no proviene de su peso, cómo se mire, o cualquier otra preocupación superficial. Usted fue hecho con amor y un propósito. Su valor proviene de su espíritu, no olvide que.

Capítulo 3: chacra del plexo solar - Manipura

Sobre el chacra

El tercer chacra es el Manipura, o chacra del plexo solar. No tenemos para moverse hacia arriba lejos del chacra sacro para llegar a este punto de energía. El chacra del plexo solar está situado justo por encima del ombligo, pero por debajo del esternón. Esta posición permite que gobiernan no sólo el sistema digestivo, sino también el sistema nervioso.

Si conoces a la anatomía, entonces usted entiende que el sistema nervioso es el camino de la energía principal que conecta el cerebro con casi todas las partes del cuerpo. Esto significa que el chacra del plexo solar es increíblemente importante. Es el centro de la sabiduría, la intuición y la autoconciencia. De una manera muy real que podría ser visto como el centro de su existencia espiritual.

Un chacra del plexo solar saludable le ayudará a ver con más claridad. Se le reconoce su valor, su identidad y su propósito. También ayudará a enfocar sus energías en la dirección de sus objetivos. Usted encontrará que es más fácil creer en ti mismo y tomar las medidas necesarias para lograr sus objetivos.

Los síntomas de la obstrucción

Debido a que este chacra es tan central, bloqueos puede conducir a problemas graves. Golpean en el centro mismo de su ser, haciendo que dudan de sí mismos y de la lucha con las decisiones más simples. Dado que el sistema nervioso controla nuestro cuerpo, un bloqueo aquí puede hacer que parezca como si algo fuera de nosotros está controlando. La paranoia y la impotencia son por desgracia común.

Una fuente única de bloqueo del plexo solar chacra es un conjunto abrumador de opciones. Si usted está luchando para elegir entre una amplia gama de opciones que parecen ser de valor similar, entonces problemas con este chacra pueden exacerbarse. Esto puede conducir a congelar y apagar.

Las manifestaciones físicas comunes de la mayoría de taponamiento aparecen en otra zona controlada por el chacra del plexo solar: el sistema digestivo. Una sensación de opresión o enfermedad en el estómago puede ser un signo de obstrucción. Así son los antojos de alimentos poco saludables que pueden ayudarle a sentir como si estuviera en control durante unos segundos fugaces antes de las matrices punta hacia abajo y se ve obligado a vivir con las consecuencias negativas para la salud. espirales descendentes pueden ocurrir como cables de alimentación poco saludables para los problemas estomacales, lo que agrava aún más el problema.

La identificación bloqueado chacra del plexo solar

El chacra del plexo solar es de gran alcance, así que cuando usted tiene problemas con él que probablemente no tendrá mucho notar problemas. Sin embargo, hay una diferencia entre darse cuenta de que algo está mal y la localización de la chacra de lo que necesita dirección. Echemos un vistazo a las maneras de identificar el bloqueo del plexo solar chacra para que pueda ver cuántos se aplica a usted.

- Una inusual falta de confianza
- Todo se siente como una lucha
- dudas constantes que rodean cada decisión
- comer en exceso repentino
- A falta de iniciativa
- sentimientos persistentes de la frustración
- repentino deseo de dominar o controlar a los demás
- Dolor de estómago
- El aumento de la dilación
- Arranques de ira cuando se enfrentan con el fracaso o la lucha
- fatiga inexplicable
- Úlceras
- Una abrumadora sensación de impotencia
- Indigestión

Como se puede ver, cuando surgen problemas con las cosas del plexo solar puede ser negativo rápidamente. Es por eso que usted debe estar al acecho de alguna de estas señales. Si usted piensa que podría tener un problema con el chacra del plexo solar, entonces usted debe tomar medidas inmediatas para manejarlo. Las cosas pueden salir rápidamente espiral de control si estos problemas emocionales y físicos empezar a compuesto y escalar.

El balance de su chacra del plexo solar

El plexo solar es un chacra que se apoya en la base de su identidad. Ayuda a la forma cómo se ve a sí mismo y la forma de tomar medidas en el mundo físico. Si usted no tiene un sentido sólido de identidad entonces ayuda a meditar en una forma tal que recuerde lo que eres.

1. Preparar un área donde se puede meditar durante cinco a veinte minutos y sin ningún tipo de distracciones o interrupciones.
2. Tomar asiento en el suelo. Cruzar las piernas y sentarse con la espalda recta y orgullosa. Relájese sin encorvarse.
3. Cierra tus ojos. Alcance abajo y toque en el área de su pecho que está a unas pocas pulgadas por encima de su ombligo. Descansar su mano sobre ella, con el centro de la palma de la mano apoyada en la línea de centro del pecho.
4. Comenzar a respirar lenta y profundamente. Siente la subida y bajada de su pecho bajo su mano. Imagínese una bola amarilla de la luz en la zona justo debajo de su pecho. Ahora imagina que la pelota es cada vez más grande cada vez que su pecho se expande. Sentir un cálido resplandor de la energía, ya que emana de la pelota cada vez mayor.
5. Imagine que se mira a través de ti mismo para ver una imagen especular de sí mismo, hecho enteramente fuera de la luz amarilla. La persona delante de usted

está conformada igual que lo son, sino que son un ser de energía pura.

6. Contemplar la figura de antes. Siente la energía que fluye fuera de ellos. Sea testigo de la belleza del espíritu puro, elaborado por la mano de la divina.

7. Imaginemos ahora que el ser de luz se disuelve, y la energía amarilla se vierte en ti. De repente, el resplandeciente en el interior del chacra de color amarillo que se expande, y pronto son que ser de luz.

8. Siente la energía natural que forma su ser. Entender que el universo se ve como una criatura hermosa de la luz divina, digno de amor y respeto. No discuta, simplemente aceptar esta realidad.

9. Tomar respiraciones profundas y regulares. Encontrar un lugar de calma y permanecer en ella durante el tiempo que se sienten llamados a.

10. Una vez que siente que su meditación ha seguido su curso, abre los ojos lentamente y volver al mundo. Permanecer sentados durante unos minutos ya que aclimatarse a la realidad física después de un viaje de campo mental para el reino espiritual.

11. Ponte de pie lentamente y de pie alto. Mantener la cabeza bien alta, según se mira el día con un nuevo sentido de orgullo y confianza en sí mismo.

Estos programas de mediación están diseñados para llegar a la esencia de la mayoría de los problemas comunes que conducen a desequilibrios chacra. Ellos pueden ayudar a señalar su mente en la dirección correcta, pero el programa no puede hacer todo el trabajo por usted. Usted tiene que

CHAKRAS PARA PRINCIPIANTES POR MICHELLE ALCANTARA

encontrar la verdad en las visualizaciones de lo contrario no funcionará. Esto puede tomar tiempo. No se fuerce a sentir algo que no se siente o castigue fallo sobre percibida. Usted es siempre un éxito cuando se toma medidas proactivas. Nadie sabe cuánto tiempo podría tomar para que usted pueda dominar todas las partes que intervienen en la meditación con éxito, pero todo el tiempo que seguir trabajando en ello le va a seguir cosechando más y más premios. La única manera de perder es renunciar. ¡Síguelo!

chacra del plexo solar mantra

Una de las funciones del chacra del plexo solar es la de regular la sabiduría y la intuición. Es importante entender que hay una distinción entre el conocimiento y la sabiduría. Alguien que memoriza el manual del conductor tiene conocimiento de un coche, pero se necesita tiempo detrás del volante para desarrollarse como un conductor prudente. La sabiduría es algo profundo y sagrado.

Cuando el plexo solar es bloqueado puede ser cortado de su sabiduría sagrada. La voz dentro de ti que apunta en la dirección correcta resulta difícil oír. Aquí es donde un mantra viene muy bien.

El sonido que ayuda a equilibrar el chacra del plexo solar es "RAM". La repetición de este sonido llama a la parte interior de la sabiduría usted y la sabiduría del universo. El acto de hablar también ayuda a la energía negativa sacar de su estómago, que es un área relacionada con el chacra del plexo solar. La repetición de la RAM le ayudará a reorientar su mente y equilibrar sus energías.

afirmaciones chacra del plexo solar

Afirmaciones para el plexo solar están diseñados para ayudar a fortalecer su sentido de identidad y que usted proporciona con la voluntad de seguir adelante. Ellos pueden realmente ayudarle a configurar para el éxito. Por otro lado, un bloqueo puede arrastrar hacia abajo. Es por eso que usted debe saber las señales de advertencia y cuidado con ellos.

Algunas afirmaciones que pueden decirse a sí mismo incluyen:

- Amo y respeto a mí mismo.
- Tengo todo el derecho a existir y vivir la vida que quiero vivir.
- Soy un ser que puede forjar mi propio futuro y elegir el camino que quiero tomar.
- Tengo la capacidad de lograr cosas increíbles.
- Voy a tomar medidas para manifestar mis sueños.
- Soy capaz de manejar cualquier problema que la cara.

Como siempre, estos son sólo sugerencias. Tómese el tiempo para tratar de escribir algunas afirmaciones de su propia creación. Piense acerca de temas como la identidad, la toma de decisiones, y la confianza. Identificar una debilidad o preocupación que tenga, y luego responde con palabras de poder y mando. Usted puede controlar sus pensamientos, no permites que te controlan.

La curación de su chacra del plexo solar

El más largo de su plexo solar ha estado fuera de equilibrio, el más profundo de sus heridas lo serán. Aun así, el espíritu es resistente, y cualquier daño puede ser curado con el tiempo y la acción apropiada. Si usted toma medidas para recuperar su sentido de identidad y capacidad personal, entonces se puede curar a este chacra.

Dejar de dilatar

Es normal para dudar de sí mismo si usted no está tomando las acciones que se sabe que necesita. Si hay tareas que debe hacer, pero ha sido puesta fuera, a continuación, dejar el libro y ponerse a trabajar. Usted no tiene que manejar todo en una sola tarde, sólo tiene que tomar medidas para que usted se mueve hacia adelante.

Mientras que nuestros pensamientos son increíblemente poderosas, nuestras acciones también juegan un papel importante en la definición de lo que somos. Son lo que las personas que nos rodean ven, y que también dan forma a nuestra propia autoestima. Pensamientos dan forma a las acciones, pero las acciones también pueden ayudar a dar forma a sus pensamientos. La adopción de medidas se centra su mente y su energía, apuntando en una dirección determinada. Esta es la razón por la participación en actividades positivas es tan poderoso. Puede traer su mente, el cuerpo y el alma juntos para un propósito unificado.

Cambiar su dieta

Una de las ideas más importantes que hay que sacar de este mundo es que el reino espiritual está conectado con el mundo físico. La importancia de los chacras se basa en este hecho. Ya hemos hablado sobre cómo las energías espirituales tóxicos pueden afectar negativamente a su cuerpo físico, pero vale la pena mencionar que los productos químicos tóxicos también pueden afectar negativamente a su energía espiritual.

Mientras que sus impactos dietan cada parte de su cuerpo, el estómago y el sistema digestivo más grande es el área que está más directamente afectados por los alimentos que se ingieren. Si siempre está comiendo procesados, grasa, sal y alimentos poco saludables en general, entonces se van a desarrollar efectos secundarios físicos y espirituales.

Con esto en mente, puede ayudar al proceso de curación, cambiando su dieta. Cortar los alimentos naturales y no saludables y cambiar a una dieta que está más cerca de lo que la Madre Naturaleza pretende. Las frutas y verduras deben ser la base de su alimentación. Usted no tiene que cortar inmediatamente todos los alimentos poco saludables, pero usted debe tratar de hacer lo que puede traer su dieta en línea con los elementos naturales que han sido previstas por nuestro planeta madre desde los primeros tiempos de la humanidad.

Pedir ayuda a alguien

Mientras que el plexo solar tiene mucho que ver con las cosas imagen de sí mismo, el autocontrol y la autorrealización como, eso no quiere decir que no quiere decir que siempre hay que ser autosuficientes. Somos criaturas no solitarias; que se han construido para el trabajo en grupos. Tratar de hacer todo usted mismo es antinatural.

Cuando necesite ayuda, nunca debe tener miedo de preguntar por ella. Mientras que un cierto grado de autosuficiencia es una cosa buena, también es necesario reconocer sus propios límites. Nadie puede tomar acción para usted, pero eso no significa que usted necesita tomar acción por sí sola.

Capítulo 4: Corazón Chacra - Anahata

Sobre el chacra

A continuación, llegamos a uno de los chacras más fáciles de entender, Anahata, o el chacra del corazón. Este chacra se encuentra al mismo nivel que el corazón, aunque hay que recordar que es un poco al lado del corazón ya que todos los chacras están situados en el centro de su cuerpo. Este chacra se encarga de la regulación de su corazón, los pulmones y el pecho superior. Es un centro de emoción, estrechamente ligada con los sentimientos de amor y anhelo.

El chacra del corazón también juega un papel único debido a su posición. Es el chacra de la media, que sirve como el punto de equilibrio y la vinculación entre la parte inferior tres chacras y la parte superior tres chacras. Se puede observar como la rueda que todas las otras ruedas giran alrededor. Esto le confiere una gran potencia para la curación cuando es claro y equilibrado, sino también grandes potencias para su destrucción cuando son tratados mal.

Los síntomas de la obstrucción

Problemas con el chacra del corazón pueden llevar a la gente a sentirse no querido o no deseado. Esto es bastante malo en sí mismo, pero cuando las personas se sienten de esta manera pueden buscar el amor a través de vías no saludables. Mal considerados y acciones impulsivas conducen a dolores de cabeza, lo que agrava los sentimientos iniciales que comenzaron el ciclo.

Otro signo de obstrucción chacra del corazón es la agitación. El chacra del corazón es un lugar donde nos centramos y encontrar la paz, por lo que cuando el chacra es arrojado fuera de equilibrio se rompe la paz. Esto lleva a la agitación, impulsividad, y la incapacidad de la adversidad mango. Un mal genio y la incapacidad de enfoque pueden ser a la vez signos de obstrucción.

Un estudio cuidadoso de estos asuntos revela la naturaleza cíclica de los dos flujos de energía saludables y no saludables. Esta es una de las razones por las que pensamos de los chacras como las ruedas y una explicación para el énfasis en un enfoque holístico de la curación. Mientras que un problema puede hacer que la próxima aún peor, una mejora puede ayudar con el siguiente número que se enfrenta.

La identificación de chacra del corazón bloqueado

El chacra del corazón es a menudo considerado como un asiento importante de la fuerza emocional, así que cuando se cae de equilibrar las emociones funcionar salvaje. No deje que el problema vaya de las manos, mantener un ojo hacia fuera para estos síntomas de una obstrucción.

- Una profunda sensación de soledad

- Sentimientos de abandono
- Un estado constante de agitación
- La creencia de que eres digno de ser amado
- Dificultad para dormir
- Una sensación de desequilibrio físico, incluso cuando está sentado o parado
- Rapidez a la ira
- el comportamiento pegajoso o posesiva hacia la pareja romántica
- comportamiento distante o frío hacia su pareja romántica
- Dificultad para lograr algo cercano a la serenidad
- Fijación en las relaciones románticas

Los temas relacionados con el chacra del corazón pagan altamente emocional. Si tiene problemas con su chacra del corazón, a continuación, puede convertirse fácilmente enredarse en sus emociones, experimentando cada lucha a gran escala y perder de vista el bosque por los árboles. Es por eso que usted debe mirar hacia fuera para estos factores. Cuanto más se demuestra que cuanto antes lo necesario para empezar a resolver sus problemas de chacra del corazón.

El balance de su chacra del corazón

La alegría, el amor y la empatía son sólo algunos de los frutos de un chacra corazón sano. Si quieres disfrutar de una vida que es rica en todos ellos, entonces usted necesita para equilibrar sus chacras en consecuencia.

1. Encontrar un lugar donde se puede meditar en paz y tranquilidad durante cinco a veinte minutos.

2. Sentarse en el suelo en una posición que puede sostener cómodamente durante un período prolongado de tiempo.

3. Cierra los ojos e imagina tu corazón. Ahora imagine un lugar justo al lado del corazón, justo en el centro de su pecho. Imagínese una luz verde brillante que brilla a cabo a partir de ese punto.

4. Inhalar y exhalar lentamente, imaginando que la luz verde está creciendo más grande con cada respirar. Imagen de la luz pulsante como el latido de tu corazón.

5. Ahora la imagen alguien que aman y se preocupan. Luego ver como un resplandor verde brilla fuera de su pecho, mirando el mismo que el de su propia.

6. Imagine un rayo de luz verde brillante tiro fuera de su chacra del corazón. Mira, ya que vuela a través del espacio y el tiempo y se conecta con el chacra del corazón de la persona que le interesan. Sentir el amor y la compasión que fluye desde el corazón a los suyos. Es necesario concentrarse realmente en su amor por ellos y su belleza.

7. Ahora imagine rayos de luz verde que le llega desde todas las direcciones. Imagínese esas luces que vierte en su chacra del corazón, el envío de una ráfaga de nueva energía en ti. No se imaginan donde las luces están viniendo, simplemente aceptar que existen y se te llena de energía positiva.

8. Siente la red de amor y compasión que conecta entre sí la humanidad. Medita en el hecho de que las líneas en

las que imaginando son sólo una fracción de lo que realmente existe. Sabe que el mundo está conectado por una red incontable de luz y energía.

9. Respirar profundamente y lentamente. Disfrutar del momento al contemplar el amor que fluye desde el corazón, y el amor que fluye dentro de él. Sabes que eres amado, lo aceptan como un hecho, incluso si tiene problemas para creer en él.

10. Una vez que se siente como la meditación ha seguido su curso se puede empezar a abrir los ojos. Salir de su meditación lentamente, a la espera de un par de minutos antes de levantarse y moverse.

11. Después de permanecer de pie lentamente se debe estirar su cuerpo y comenzar el día con un corazón lleno de amor.

El amor puede ser un tema complicado. Es nuestra mayor fuente de alegría, pero también nos puede causar dolor. Lo que nunca podemos perder de vista es la belleza del amor. Por eso no hay que acaba de preocuparse por la forma en que se sienten acerca de nosotros, también debemos considerar el amor que enviamos al mundo. Si amas a alguien, entonces eso es una cosa hermosa, sea o no la otra parte vuelve sus sentimientos. Sea orgulloso del hecho de que está enviando el amor por el mundo, y la confianza que son amados. Puede no ser capaz de verlo, pero la luz del amor brilla sobre usted, incluso en su hora más oscura.

mantra chacra del corazón

Se dará cuenta de que el corazón es la sede de algunas de nuestras emociones más profundas. Cuando se bloquea este chacra, y sus emociones se descomponga puede ser difícil entrar en razón. Nuestros sentimientos se vuelven contra nosotros, nuestros pensamientos se vuelven negativos. Cuando esto sucede, usted tiene que hacer algo que le ayudará a superar las barreras entre usted y el equilibrio.

La repetición de un mantra puede ayudarle a pasar por encima de la confusión emocional y mental se está tratando. El sonido que ayuda a equilibrar el chacra solar es "RAM". Este es un sonido que habla directamente al corazón, llamando de nuevo al equilibrio.

Recuerde que el ritmo es muy importante cuando se utilizan mantras. Hay una razón por la que la música es algo que une a personas de todo el mundo; el ritmo resuena con nosotros en un nivel fundamental. Su corazón es como un tambor que late, así que tenga esto en cuenta cuando repite su mantra chacra del corazón. Imagine que el ritmo de su corazón se sincroniza con su mantra repetido, y que une su acción física y el flujo de energía para un propósito consciente. Si usted puede conseguir los dos lados de su naturaleza juntos, entonces es mucho más probable para lograr el equilibrio.

afirmaciones chacra del corazón

Un corazón herido puede conducir a una mente ilógica y una lengua venenosa. Recuperar el control de sí mismo mediante palabras de curación en la honestidad de hablar. No se le puede obligarse a detener los pensamientos negativos de pensamiento, debe reemplazarlos con afirmaciones positivas.

- Soy una fuente de amor.
- Estoy en paz conmigo mismo.
- No necesito a cambio de ganar el afecto de los demás.
- Comparto una conexión profunda y sagrada con el mundo a mi alrededor.
- Perdono a otros por sus errores, y me perdono por mi cuenta.
- Puedo superar cualquier lucha emocional que puede hacer frente.
- Estoy totalmente digno de amor como yo.

Estas son algunas palabras que toda persona merece oír. Incluso si usted no tiene a alguien en su vida que puede susurro palabras de amor y compasión en su oído, todavía se puede hablar las palabras que necesita escuchar a sí mismo. Recuerde que también puede darse amor. Usted es tan digno de amor como cualquier otra persona y tan capaz de darle. No se sienta limitado por supuestos falsos. Mira lo profundo de tu corazón, encontrar las palabras que necesita escuchar, y luego decir en voz alta.

La curación de su chacra del corazón

Como cualquiera que haya experimentado un corazón roto sabe, cuando el corazón se lesiona se necesita tiempo para sanar. Lo importante para recordar es que la curación es posible. Se puede sentir como estarás atrapado en la oscuridad para siempre, pero hay que confiar en que hay una luz al final del túnel. El tiempo y la acción ayudará al proceso de curación.

Volver a conectar con sus seres queridos

Las personas que experimentaron un chacra del corazón bloqueado a menudo se sienten como si las personas que se preocupan por no se preocupan por ellos. Esto los lleva a los lazos Sever y crean distancias artificiales, rompiendo lazos emocionales saludables y comenzar una espiral descendente emocional. debe hacerse un esfuerzo consciente para invertir esta tendencia, y que los medios llegar y volver a conectar con la gente.

Hay gente en su vida que le atienden. Puede que no se siente como que, en el momento, pero si se mira hacia atrás en su vida a través de los ojos claros se va a ver los signos de amor y afecto. Dejar de obsesionarse con los individuos que no se enfoque y puede ser que ame a los que han demostrado su preocupación. Llegar a ellos y hacerles saber lo mucho que significan para ti.

Esto puede ser un proceso difícil que puede no ir tan usted esperaría. A veces puede ser difícil de reconstruir las conexiones que han sido dañados. Pero si se puede establecer una conexión única basada en el amor verdadero, entonces usted tiene a alguien que le puede proporcionar con el apoyo externo que necesita para hacerlo a través del proceso de curación.

Apreciar las muchas formas que toma el amor

En la sociedad occidental moderna, hay una tendencia a fijarse en la forma romántica del amor. Mientras que el amor romántico es una cosa hermosa, es esencial que usted entiende que el amor viene en muchas formas diferentes. El amor puede provenir de miembros de la familia y amigos; que no sólo provienen de parejas románticas.

Usted podría estar pasando por un período en su vida donde usted está experimentando problemas con su vida romántica. Por favor entienda que esto no quiere decir que no es amado. Tener una pareja romántica no es un requisito previo para ser amado. Una vida sana implica amor que proviene principalmente de fuentes no románticas. La familia y los amigos deben proporcionar un lecho de roca emocional que el amor romántico puede construir. No se sienta como en su capacidad de ser amado está ligada a sus fortunas románticas.

Hacer algo bueno por otra persona

A veces es difícil encontrar positividad en nuestras vidas. Cuando eso sucede tenemos que hacer nuestra propia positividad. Salir y encontrar a alguien que puede ser amable con. No tiene que ser algo importante; simplemente podría complementar un extraño. Por supuesto, si se puede hacer algo más grande, entonces definitivamente debe. Ser voluntario o encontrar alguna otra manera de ayudar a las personas a cabo es una gran manera de generar energía positiva.

La otra ventaja de esta actividad es que se necesita la atención de usted y la apunta hacia el exterior. Las personas con chacras del corazón bloqueados menudo obsesionarse con el hecho de que los demás no se preocupan por ellos, mientras que se centran en sí mismos tanto que ellos no tienen ninguna energía para otras personas. Esto crea otro espiral descendente donde la auto absorción conduce a la soledad. Romper el ciclo de apartar la vista de sus propias luchas y preguntar cómo puede ayudar a otra persona con el de ellos.

Capítulo 5: Garganta Chacra - Vishuddha

Sobre el chacra

El quinto chacra se Vishuddha, más comúnmente conocido como el chacra de la garganta. Su nombre significa "purificación" en sánscrito. Este es otro chacra que es fácil de localizar; que está situado entre los huesos del cuello, en la base de la garganta. Desde esta zona sus efectos llegan hasta las amígdalas, hasta los hombros, y todo a través de su garganta y el cuello.

El poder de este chacra está relacionado con el papel de la garganta en la comunicación. Si el viento no podía viajar a través de la garganta que podría no ser físicamente capaz de hablar, así que tiene sentido que viajar energía a través de esta región también afecta a su comunicación.

Los síntomas de la obstrucción

Las gargantas en sí espiritualmente en nuestra comunicación se manifiesta chacra, por lo que cuando este chacra está bloqueado conduce a problemas de comunicación. Un bloqueo puede hacerte miedo de hablar, o se puede hacer que se oculta información por miedo de lo que podría suceder si se expone a sí mismo. Los individuos con una bloquearon chacra de la garganta a menudo encuentran que su lengua parece estar ligada, o que las palabras están siempre en la punta de la lengua y sin embargo todavía fuera de su alcance.

Otro síntoma importante a tener en cuenta es una sensación vaga y persistente de culpabilidad. Esta culpa podría basarse en preocupaciones reales, pero también puede ser causada por problemas imaginarios o mal entendido. Lo que importa es el hecho de que los siente individuales simultáneamente culpables y que no pueden hacer frente adecuadamente su culpabilidad.

problemas físicos relacionados con el chacra de la garganta incluyen dolor de garganta, rigidez en el cuello, y los problemas incluso con los hombros. También puede manifestarse en sí en una experiencia dolorosa o hablar en una áspera o la voz tensa.

La identificación de chacra de la garganta bloqueada

Una de las causas más importantes para el bloqueo chacra de la garganta es la culpa, y una de las maneras en que esto se manifiesta es en temas de comunicación. Los problemas físicos tienden a aparecer en el área alrededor de los hombros, el cuello y la parte posterior de la boca. Sigue leyendo y ver si se puede relacionar.

- Dificultad para hablar
- Tartamudeo

- La frustración por la falta de comunicación
- Dolor de garganta
- Problemas de autoestima
- los dientes dolorosos
- Una sensación de aislamiento
- Amigdalitis
- El aumento de la timidez
- problemas de audición

El chacra de la garganta está estrechamente ligada a ambas cuestiones espirituales y físicas. No se estira sobre un área grande, pero todavía puede causar problemas significativos si se bloquea. Si usted siente que está teniendo problemas con la comunicación o problemas físicos localizados alrededor de su garganta, entonces usted debería considerar trabajar en su chacra de la garganta.

El balance de su chacra de la garganta

El chacra de la garganta es esencial para la comunicación. Nos permite decir la verdad y manifiesta una realidad mejor. Por eso no se puede permitir que un chacra de la garganta desequilibrada de persistir; la verdad necesita ser hablado. No permita que sus palabras se acumulan dentro de usted, encontrar una manera de dejar que ellos sean libres.

1. Localizar una habitación o espacio libre donde se puede disfrutar de cinco a veinte minutos de meditación ininterrumpida.

2. Baje el cuerpo hacia abajo sobre el suelo y se sitúan en una posición cómoda pero resistente. Sentarse delante de altura y cara.

3. Cierra tus ojos. Llegar a su garganta y tocar el área entre los omóplatos. Ahora imagine una luz azul que forma justo detrás del área que tocó.

4. Tome respiraciones lentas y regulares. Imagen de la luz en la garganta ampliando con cada respiración, llenando la garganta.

5. Siente la energía se acumula adentro de ti. Escuchar en el silencio de palabras que quiere decir, pensamientos que necesita expresar. Sienten ellos bobinado dentro de ti en el silencio.

6. Ahora abre la boca y, o bien decir las palabras que estás pensando en voz alta o la boca las palabras, si usted quiere permanecer en silencio. Imagine que sus palabras están hechas de luz azul, que salía de la garganta e iluminando la oscuridad que le rodea.

7. Tome un momento y sentir la carga que se ha levantado de su parte. Sentir el interior de la ligereza de ustedes y todo el espacio abierto ahora que esas palabras no se encuentran atrapados dentro de ti.

8. Imagine que la luz de sus palabras todavía permanece en la distancia como bandera brillante de la luz azul. Parece que la aurora boreal.

9. Tomar el sol en la belleza de su verdad. Medita en el hecho de que su discurso tiene el poder. Sentir que el poder dentro de ti mientras se sienta y respira lenta y regularmente.

10. Una vez que siente que su sesión de meditación ha seguido su curso, puede abrir sus ojos lentamente. No comience a moverse o hacer cualquier otra cosa inmediatamente, tratar de permanecer sentado durante unos minutos.

11. Póngase de pie lentamente. Toque su garganta una vez más y susurro una palabra de saludo al mundo. Siente como sus movimientos de garganta, una manifestación física de tu verdad que entra en el mundo.

Una de las cosas buenas de la meditación en la privacidad de su propio espacio personal es el hecho de que puede dejarse invadir por sí mismo. Muchas personas pasan la vida como actores, diciendo las palabras que piensan que se supone que decir en lugar de las palabras que quieren decir. A veces, usted debe mantener su lengua, especialmente cuando están siendo movidos por energías negativas, pero también hay que tener puntos de venta donde puede expresarse de forma segura. No se sienta como que necesita para censurar ti mismo y no se castigue si no te gusta las palabras que terminan diciendo. Aceptan que salieron de la boca y los utilizan para identificar las áreas es posible que aún necesitan trabajar en. Esa es una de las razones por las que la honestidad es tan importante. Si no se enfrentan a sí mismo con los ojos claros, entonces nunca va a ser capaz de abordar los verdaderos problemas que está enfrentando.

En tercer mantra chacra de la garganta

Un chacra de la garganta bloqueada puede impedir la comunicación clara. Es por eso que es importante tomar medidas para recuperar su poder de comunicación. Una forma de hacer esto es mediante el uso de un mantra.

El poder del sonido chacra de la garganta es "RAM". La vibración de las ondas sonoras creadas por este mantra vibrando a través de la garganta puede ser un acto de curación en sí mismo. Recuerde, lo físico y lo espiritual están íntimamente conectados. Los mantras son sonidos más justo; vibran con la energía espiritual que su chacra reaccionará a.

Si usted está teniendo dificultades con el bloqueo chacra de la garganta, entonces usted puede encontrar que es difícil decir su mantra en voz alta. A veces el mantra puede ayudar en la limpieza de la obstrucción, lo que le permite hablar con mayor poder como lo repites. Sin embargo, también se debe recordar que usted no tiene que decir el mantra en voz alta. Se puede imaginar a sí mismo diciendo el mantra y cosechar muchos de los mismos beneficios que decirlo en voz alta.

afirmaciones chacra de la garganta

Otra manera de utilizar su garganta física para aclarar su chacra de la garganta es mediante la repetición de afirmaciones. Estas son frases que se puede decir que meditas, mientras se prepara para salir por la mañana, o cada vez que siente que necesita algo para ayudar a generar más energía y enfocar su atención.

- Tengo algo que decir.
- Yo vivo la vida que estoy destinado a vivir.
- Hablo y las personas que se preocupan por mí escucho.

- Merezco ser escuchado y respetado.
- No puedo encontrar las palabras adecuadas para decir si busco dentro de mí.
- Doy un regalo para el mundo cuando comparto mi sabiduría.

Al igual que con los mantras, usted no tiene que decir estas afirmaciones en voz alta si no está en condiciones de, o no se siente movido a. Sin embargo, tener en cuenta la conexión entre lo físico y espiritual. Cuando se puede obtener ambas partes de su naturaleza en alineación se puede lograr más de lo que jamás podría utilizar por separado. Es por esto que es tan poderoso para decir estas afirmaciones utilizando su cuerpo y mente al unísono. Cuando su cuerpo y el espíritu están alineados en su propósito, que es mucho más fácil de lograr cierto equilibrio.

La curación de su chacra de la garganta

El chacra de la garganta está íntimamente relacionado con la comunicación y la comunicación es la base de las relaciones humanas. Problemas con el chacra de la garganta no terminan cuando se ha alcanzado el equilibrio, se debe también trabajo para abordar los efectos a largo plazo de los problemas de comunicación si usted quiere encontrar una paz duradera.

Di lo que sientes

¿Ha sido detiene? ¿Hay cosas que siempre decirlo, pero nunca ha puesto en palabras?

Si se mantiene la celebración de sus verdaderos sentimientos hacia atrás, luego se va a seguir generando energía tóxica que va a obstruir su chacra de la garganta. Equilibrar por sí sola no va a crear un cambio duradero si no se aborda el problema de raíz. Cualquiera que no pueda comunicar las verdades esenciales siempre tendrá que luchar con su chacra de la garganta.

Mire en el interior y sentir las palabras que son anhelo de salir. A continuación, mirar hacia el exterior y encontrar a alguien que puede hablar. Puede ser realmente liberar a abrirse a las personas que están cerca de usted, pero también se puede encontrar extraños que sean capaces de escuchar a usted si usted se preocupa acerca de la naturaleza sensible de lo que tiene que decir. Hablando con un profesional como un terapeuta le permitirá estar completamente abierto y seguro al mismo tiempo.

Trabajo para los errores del pasado correctas

Las energías negativas en su chacra de la garganta pueden llevar a sentimientos de culpa ilegítimos; También puede darse el caso de que la culpa sinceramente sentida puede conducir a un bloqueo. Si ha hecho daño a otras personas o hecho algo que podría dar una razón legítima para sentirse culpable, entonces usted debe tomar ninguna medida que pueda para limpiar tu conciencia.

Lo mejor que puede hacer es ir a la gente que pueda tener dolor y pedir perdón a ellos con total sinceridad. Escuchar sus preocupaciones y hablar con ellos de modo que es posible averiguar si se puede tomar ninguna medida para sus males derecha.

Este es un proceso difícil y tensa. Usted tiene que estar preparado para el rechazo. Algunas personas se niegan perdón. Están en su derecho y no se puede obligar a nadie a perdonarte. También es esencial recordar que el perdón no restaura mágicamente las cosas a la manera en que fueron. De todas maneras, tendrá que vivir con las consecuencias de sus acciones, pero usted tendrá la oportunidad de hacerlo mejor en el futuro. Eso es lo importante.

Perdónate

Si bien es importante buscar el perdón de los que podría haber perjudicado, es igual de importante que aprendan a perdonarse a sí mismo. Muchos pecados son distribuidos en los individuos mucho después de las transgresiones iniciales han sido olvidados por la víctima originales. Este tipo de auto abuso no ayuda al mundo en cualquier forma; sólo genera energía más tóxica.

No se puede cambiar lo que ha sucedido en el pasado. Todo lo que puedes hacer es tratar de expiar, crecer y avanzar como un ser humano. Mira en tu alma y ver si ha cambiado o no. Si ha logrado una transformación honesta, entonces usted necesita para dejar de lado el pasado y avanzar hacia un futuro mejor.

Capítulo 6: Tercer ojo Chacra - Ajna

Sobre el chacra

El sexto chacra es Anja, o el chacra del tercer ojo. Situado cerca del centro de la frente, este chacra reina sobre los globos oculares, los senos y glándula pineal. Pero el verdadero poder de este chacra proviene de la forma que le ayuda a conectarse con el mundo espiritual.

Este chacra es otra parte muy importante de su ser espiritual. Usted no puede darse cuenta de que usted está tomando en la información de su tercer ojo, pero siempre está. Ya sea que la información es clara y útil o embrollado y confuso depende de si o no este chacra se mantiene limpia y saludable.

Mientras que cada chacra facilita el flujo de energía entre su cuerpo y el mundo exterior, el chacra del tercer ojo es considerado como uno de los más importantes. Es el lugar donde se produce la mayor concentración del flujo de energía. Esta es la razón por un chacra del tercer ojo sano es increíblemente importante. Si se bloquea va a ser indefenso contra las diversas energías tóxicas que le rodea.

Los síntomas de la obstrucción

Un bloqueado tercer ojo crea un sentido de la ceguera o la conciencia perdida, pero la mayoría de las personas no son capaces de identificar exactamente qué sentido les ha fallado. Aun así, son capaces de sentir una palpable sensación de falta de rumbo, pérdida de dirección, y la confusión. El mundo puede sentirse envuelto en una neblina psíquico que hace que sea difícil encontrar el camino a seguir. También es común que un tercer ojo bloqueado para conducir a una sensación de estar separados de lo espiritual y atrapado dentro de las limitaciones del reino material.

Recuerde que el chacra del tercer ojo está conectado a la mente inconsciente. Esto significa que cuando la energía negativa impregna este chacra la negatividad se manifestará en su inconsciente, o pensamientos subconscientes. Tenga en cuenta el zumbido subyacente del pensamiento y la emoción que se encuentra en la parte posterior de su mente. Esto ayuda a transmitir la salud de su chacra del tercer ojo. Si usted se siente como una sensación de negatividad impregna sus pensamientos vagos, a continuación, este chacra puede estar bloqueado.

Los efectos físicos de una bloquearon tercera manifiesto chacra ojo en las zonas controladas por el chacra. Los dolores de cabeza localizados detrás de los ojos, nariz tapada, y una sensación general de malestar pueden ocurrir. Mira a ver si su confusión mental parece estar manifestándose en malestar físico o agitación. síntomas físicos tales extremos no son muy comunes, por lo que cuando lo hacen aparecer que deben tomarse en serio.

La identificación bloqueado chacra del tercer ojo

Es importante entender que un tercer bloqueo ojo es un problema grave. Incluso si usted no reconoce su conexión con el mundo espiritual que todavía dependen de esta conexión de energía y dirección. Cuando se cortó puede conducir a problemas graves. Ver si se puede relacionar con estas cuestiones.

1. juicios rápidos
2. La pérdida de la imaginación
3. Los dolores de cabeza
4. Dificultad para concentrarse
5. dolores de cabeza inexplicables
6. problemas de visión
7. El rechazo de la realidad espiritual
8. Pérdida del equilibrio
9. escepticismo injustificado
10. miedo persistente
11. Pérdida de memoria
12. Incapacidad para recordar los sueños
13. Insomnio

Estar separados de la esfera espiritual puede dar lugar a todo tipo de problemas. Si usted siente que está perdido en su vida y en la necesidad de dirección, entonces es casi seguro que necesita para equilibrar su chacra del tercer ojo. Equilibrar sus chacras podría no resolver de inmediato sus problemas, pero puede ayudar a encontrar la solución que busca. La curación espiritual no se trata de encontrar una solución rápida a sus problemas; se trata de la obtención de la fuerza y la visión necesaria para manejar las luchas antes.

El balance de su chacra del tercer ojo

Cualquiera que entienda la naturaleza espiritual de nuestra realidad debería ser capaz de ver que el chacra del tercer ojo es tan importante como los dos ojos físicos. Algunos dicen que es aún más importante, ya que muchas de las personas ciegas viven vidas felices, saludables y espiritualmente plena. La verdadera tragedia está pasando por la vida ciega a la realidad espiritual a su alrededor.

1. Localizar un espacio donde se puede sentar en privado durante cinco a veinte minutos.
2. Sentarse en una posición que está bien fundamentada, pero lo suficientemente cómodo que su postura no le distraiga de su meditación.
3. Tome una buena mirada en el mundo que le rodea. Tratar de bloquear tanto como sea posible en su memoria.
4. Ahora cierra los ojos. Imaginar el mundo que le rodea. Trata de recordar lo que vio antes de cerrar sus ojos, sólo que sin color.
5. A continuación, levantar la mano y tocar el centro de la frente, justo encima de las cejas. Imagínese un resplandor púrpura oscura que emana de su frente.
6. Respire lentamente, tratando de mantener la imagen del mundo que le rodea en su cabeza junto con la luz

resplandeciente que está creciendo más y más grande en su frente.

7. Imagínese que con el tiempo el brillo comienza a brillar por delante de usted. Fluye a través de la zona a su alrededor. Pronto todo es brillante, pulsando con la luz de su energía interna.

8. Mira en la distancia y ver los puntos brillantes de color morado oscuro al igual que el suyo propio. Sentir las personas que le rodean, junto con los animales, las plantas y la tierra misma. Todo está brillando con la energía.

9. Respirar profundamente y lentamente, teniendo en el mundo del espíritu que le rodea en cada momento del día. Reflexionar sobre el hecho de que está conectado a este mundo de la energía por un lazo eterno. Tratar de encontrar la relajación y la seguridad en este hecho.

10. Deje que la meditación siga su curso. Una vez que se siente como si se hace, abre los ojos lentamente.

11. Sentarse en el suelo unos minutos más antes de levantarse lentamente.

Una vez que se pone de pie usted debe buscar en el mundo que le rodea con nuevos ojos. Tratar de recordar la energía que viste sólo momentos antes. Darse cuenta de que sigue ahí, incluso si no puede verlo con sus propios ojos.

El mundo es mucho más grande que lo que puede ser capturado por la cámara. Una máquina puede duplicar la semejanza de un ser humano, pero no puede captar su alma. Todo en este universo irradia una energía única, y esto es lo que recoge el tercer ojo hacia arriba. Empujando a los supuestos naturalistas y ver el mundo en todo su esplendor le ayudará a volver a conectar con su tercer ojo. Una vez que empiece a ver el mundo a través de su visión del tercer ojo, nunca serás capaz de mirar de la misma manera otra vez.

afirmaciones chacra del tercer ojo

El tercer ojo es el enlace entre la mente y el universo de energía a su alrededor. Se le permite ver las cosas invisibles de este universo. Este es un poder al alcance de todos, pero la mayoría no lo reclama. Es por eso que usted debe hablar palabras de poder y reclamar sus habilidades divinamente dotados.

- Soy una parte del gran flujo de energía de la existencia.
- Estoy constantemente abierta al sentido de las agujas del universo.
- Puedo ver el camino por delante de mí en el ojo de mi mente.
- Siempre estoy aprendiendo y avanzando.
- Sé que el camino a seguir, incluso cuando no puedo ponerlo en palabras.

Estos son sólo ejemplos de afirmaciones. Siente libre para iniciar escogiendo uno de ellos, pero usted debe tratar de hacerlas suyas. Su tercer ojo que ofrece una conexión directa e íntima con el universo; no hay una sola manera de acercarse a algo tan masivo y sagrado. Es por eso que es tan útil para encontrar palabras que son personales porque es la mejor manera de interiorizar lo que está diciendo.

Chacra del tercer ojo mantra

Tratar con un tercer ojo bloqueado es una de las más difíciles tareas mentales de manejar cuando tratan de lograr el equilibrio. Esto se debe a problemas con su tercer ojo pueden nublar su cerebro, dando lugar a una sensación de estática y la confusión. Si no encuentra una manera de cortar a través del ruido y centrarse en la tarea en cuestión, entonces tendrá un tiempo difícil el logro de resultados.

Esta es la razón por el tercer mantra del chacra del ojo es especialmente útil. El sonido "OM" es la tercera mantra ojo, y es probable que haya oído antes. Es el sonido que usted oye normalmente utilizando actores cuando tratan de describir a alguien meditando en obras de ficción. Mientras que tales representaciones pueden distorsionar la forma en que la gente entiende mantras y meditación, lo hacen llegar a la verdad real.

Por cosechar este mantra se crea algo para anclar su mente. Cuando su tercer ojo está claro se puede sentir como si se pierden o ser arrastrado en distintas direcciones. Su subconsciente puede llegar a ser más volátiles, interrumpiendo su tren de pensamiento en momentos inoportunos. Al repetir el mantra sagrado de OM se puede dar a su mente algo saludable para enfocar. Es como las luces en una pista del aeropuerto, que le ayuda a encontrar el punto donde tiene que ir, incluso cuando se oscurece su visión.

No siempre es necesario utilizar un mantra cuando el balance de su chacra del tercer ojo, pero aún debe tratar de recordar este mantra. Si alguna vez se encuentra con dificultades durante la meditación es útil tener algo que se puede utilizar para volver por el camino correcto.

Una palabra de advertencia

Cabe señalar que a medida que nos fijamos en estos chacras superiores que hay que entender que hay una progresión que sigue el sistema de chacras. Recuerde que el primer chacra se llama la raíz, por lo que se puede imaginar el sistema de chacras como un árbol. Si la raíz de un árbol está enferma, entonces se va a morir, incluso si se toma gran cuidado de la fruta y las hojas.

Lo que esto significa es que usted debe tratar de equilibrar los chacras inferiores antes de dirigirse a los chacras superiores. Algunas personas creen que los chacras inferiores son menos importantes, pero la verdad es que es todo un sistema interconectado. Usted no se beneficiará de los chacras superiores hasta que se haya equilibrado el inferior.

Así, mientras que sin duda debe equilibrar su tercer ojo si es posible, no debe ir por delante para trabajar en sus sexto o séptimo chacras inmediatamente simplemente porque suenan los más importantes. Este es un error común que incluso experimentó estudiantes de estructura espiritual de curación. No pierda su energía; proceder de la raíz de modo que usted sabe que está construyendo sobre una base firme.

La curación de su chacra del tercer ojo

El tercer ojo es la ventana entre el alma y el mundo que le rodea. Si usted no ha estado tomando el cuidado de él, entonces su tercer ojo será como las ventanas en un coche que ha sido impulsada a través de la suciedad, la lluvia, el granizo, y enjambres de insectos. La limpieza de este tipo de un desastre requiere tiempo y compromiso.

trataka

Dada la especial importancia del tercer ojo en la vida espiritual, hay algunos ejercicios únicos que se han desarrollado para fortalecer y enfocar este chacra. Una poderosa técnica se llama Tataka. Es una forma de meditación centrada que implica velas. Se enciende una vela y la mirada en la llama, se centra toda su atención en el pico de la llamarada. Esta actividad aporta su visión física y de la vista espiritual en la alineación. Los seres humanos se sienten atraídos por el fuego, ya que es una fuerza física de gran alcance que está cargado de significado espiritual.

Reloj y observar cómo el fuego se siente vivo a pesar de que supuestamente es una fuerza de la naturaleza sin sentido. Considere su increíble potencial, incluso el más pequeño de la vela podría quemar una ciudad o un bosque si se dejó caer en el lugar equivocado. Pensar en cómo todo en este mundo está conectado, y lo que la naturaleza compleja y multifacética de fuego dice acerca de los seres humanos. Las vidas humanas son a menudo comparadas con velas, con la vida que vivimos en el presente ser comparado con la llama de la vela.

No hay una respuesta fácil. El acto de la contemplación es el punto de la actividad. Cuando nos fijamos en algo, tanto con su visión física y espiritual que traiga su bienestar en la alineación y el movimiento hacia el desbloqueo de su pleno potencial.

Tómese su tiempo para soñar

Usted puede sentir que su mente vaga sin ninguna razón en absoluto, pero es posible que su subconsciente le está dirigiendo de conformidad con su tercer ojo. La vida moderna está estructurada, ruidoso, y opresivo que la gente rara vez tienen la oportunidad de dejar su mente vagar libremente y sin culpa. Dese el regalo de la libertad mental.

También puede crear, mientras que su mente se distrae. Hacer garabatos o tomar notas puede ayudar a crear un registro de su proceso de pensamiento que puede ser capaz de aprovechar. Muchos profesionales creativos encuentran que algunos de sus mejores soluciones surgen cuando no están trabajando activamente en el problema.

CHAKRAS PARA PRINCIPIANTES POR MICHELLE ALCANTARA

Capítulo 7: Corona Chacra - Sahasrara

Sobre el chacra

La séptima y última chacra es Sahasrara, o el chacra corona. Se asienta en la parte superior de la cabeza, al igual que lo haría una corona. Es el chacra que se encarga de su cerebro, el cráneo y la piel. Así es, el chacra de la corona podría parecer que no cubre la cantidad de área, pero es extremadamente poderoso.

El poder del chacra de la corona es evidente cuando se comprende lo que hace. Este es el chacra que le conecta con lo divino. Es como una antena que está transmitiendo en los planos superiores de existencia, así como la recepción de los mensajes que podrían ser dirigidos a que a partir de estos reinos. Se dice que las revelaciones más importantes de la historia de la humanidad se han transmitido directamente a este chacra.

Los síntomas de la obstrucción

Veamos una vez más volvemos a la metáfora del séptimo chacra como un dispositivo de comunicación que nos conecta con lo divino. Con esto en mente, es fácil comprender que cuando este chacra está bloqueado va a lidiar con problemas similares a un bloqueo de antena o una antena parabólica en el mundo real. Las señales de que una vez estuvieron en voz alta y nítida, clara y de repente se convierte en borrosa, ininteligible, o completamente disponible. Esta es la razón por la gente con la corona chacras bloqueados a menudo se sienten como que han sido separados de la divina o abandonados por el cielo. Una crisis de fe es un signo común de bloqueo de la corona.

Las manifestaciones físicas se localizan principalmente alrededor de la corona de la cabeza. Los dolores de cabeza que se centran más alta en la cabeza, una incapacidad para dormir, cambios de humor y todo puede ser experimentado. Diferentes personas reaccionan a este bloqueo en función de su relación con lo divino. Algunos se deprimen, algunos se enojan, y algunos se convierten en un revoltijo de emociones diferentes. Lo que importa es que las emociones vienen de una sensación de desconexión de la divina.

La identificación de chacra de la corona bloqueado

Los bloqueos en el chacra de la corona pueden causar todo tipo de problemas, pero en la sociedad de hoy en día muchas personas toman estos problemas por sentado. Así que muchas personas han bloqueado chacras de la corona que empiezan a aceptar la situación como algo normal. Te mereces algo mejor, así que atento a los síntomas de obstrucción.

- aburrimiento persistente
- Narcisismo
- Enfoque en los bienes materiales

- Apatía
- Una sensación de desconexión con la divina
- Desesperación
- Una sensación de desconexión con el universo
- Las migrañas
- Sentimientos de abandono
- El fallo cognitivo

Todos estos problemas son motivos de preocupación. Temas como el escepticismo, el aislamiento espiritual, y el materialismo son tan comunes en este día y edad, pero a estas alturas ya deberían saber mejor que simplemente aceptarlas. Vivimos en un mundo espiritual y todos estamos conectados. A veces es difícil reconocer este hecho, pero nunca llegará un momento cuando es falsa. Al equilibrar su chacra se puede reconocer esta verdad, incluso a medida que experimenta las dificultades que la vida va a tirar de ti.

El balance de su chacra de la corona

Quiero subrayar una vez más la singularidad del chacra de la corona. La conexión que nos ayuda a establecer puede ser difícil para las personas de comprender, y, sin embargo, puede ser la conexión más significativa que podemos hacer. Es por eso que es tan importante para equilibrar su chacra de la corona. Recuerde, esto sólo debe hacerse una vez que haya equilibrada Su otra chacra.

1. Encontrar un área privada donde podrá disfrutar de cinco a veinte minutos de tiempo a solas ininterrumpida.

2. Sentarse en el suelo. Mantenga la espalda recta y la cabeza de su alta. Imagínese que usted está sentado antes de que alguien desea mostrar respeto.

3. Cierra tus ojos. Respirar profundamente y con regularidad. Siente eleve la energía hacia arriba desde su base, viajando a través de cada uno de los seis chacras anteriores antes de llegar a la punta de la cabeza. Ahora imagina que la punta de la cabeza empieza a brillar con una luz blanca brillante.

4. Coloque una mano en la parte superior de la cabeza y tratar de sentir el calor de la energía, ya que irradia de su corona.

5. Levante la otra mano para el cielo. No estire hasta ahora que perjudicará a sostenerlo durante unos minutos.

6. Ahora imagine que su luz blanca disparar hasta los cielos arriba, siguiendo la dirección de su mano levantada.

7. A continuación, la imagen que los cielos devolver el favor, el brillo de una luz blanca hacia abajo brillante y vasta sobre ti.

8. La luz no sólo se baña; que baña el área a su alrededor. Todo parece chispo y el brillo como si se lavó y se fortaleció. Sentir su bienestar y reconoce que está siendo limpiado por el resplandor del cielo brillando sobre ti.

9. Tomar el sol en el resplandor. Respire regular y profundamente. Encontrar una manera de relajarse en la luz de amor del universo. Es posible que baje su brazo si empieza a sentirse incómodo.

10. Deje que la meditación continuar durante todo el tiempo que se siente llamado.

11. Una vez que usted siente que han sido lavados y refrescado, abre los ojos lentamente. Permanecer sentado durante unos minutos mientras se toma en el mundo con nuevos ojos.

12. Póngase de pie lentamente y mirar hacia el cielo. Es posible que ya no estará imaginando la luz, pero se debe recordar que todavía brilla sobre ti.

Equilibrar los seis de los chacras inferiores puede ser un proceso largo para algunos individuos, pero una vez que lo hace a la séptima, que comprenderá el valor de todo. Este es el paso donde las cosas se ponen en su última perspectiva. Una vez que sumergirse completamente en el mundo espiritual, que no sólo se llega a apreciar las profundidades de su propia alma, también reconocen la escala y la fuerza del universo. Pero más que eso, vas a entender que vivimos en un universo impulsado por el amor, no un frío y desierto vacío. Incluso si usted ha viajado en las profundidades del espacio, a pesar de ello no estar solo, a la luz de los cielos siempre brillará en los que la buscan.

Corona mantra chacra

Mientras que cada chacra es única y especial a su manera, el chacra de la corona sin duda se distingue de los demás. Una cosa que separa el chacra de la corona de los chacras inferiores es su mantra. El chacra de la corona no ha sido tradicionalmente vinculado con un mantra en la forma en que los otros chacras han sido.

Debido a que el chacra de la corona ayuda a facilitar la comunicación con lo divino, se cree comúnmente que usted debe permanecer lo más silencioso posible al reflexionar sobre este chacra. Sin embargo, si usted tiene un chacra de la corona bloqueado y usted está encontrando difícil de enfocar, entonces usted puede utilizar el mantra de "HA" para despejar su mente.

Tenga en cuenta que este mantra no se utiliza como el resto. No se debe decir que, como una palabra, pero en cambio, pronuncian gustado que está exhalando. Es el sonido del aire que fluye desde los pulmones, de la energía sale de su cuerpo y yendo hacia el universo. Mediante el uso de esta técnica puede involucrar las partes de su cerebro que se centra en el lenguaje sin llegar a quedar atrapados en el uso del habla normal. Esa es la idea con cada mantra, pero este mantra simplemente lo lleva al siguiente nivel.

afirmaciones chacra de la corona

El chacra de la corona puede ser difícil hablar sobre el uso de un lenguaje normal, y eso es una de las cosas que lo hace tan poderoso. Es necesario utilizar un lenguaje que le lleva fuera del mundo materialista y que lleva al reino de lo sagrado y espiritual.

- Soy amado por el creador del universo.

- Me hicieron para un propósito.
- Hablo y divinidad oye mi mensaje.
- Puedo oír la voz del universo que me llamaba.
- Voy a recibir los mensajes que estoy destinado a escuchar cuando estoy destinado a escucharlos.
- Estoy destinado a seguir una vocación más elevada.
- Nunca serán abandonados o abandonados.

Esta es otra área donde ayuda a buscar dentro de su alma para encontrar las palabras que hay que decir y escuchar. Las afirmaciones permiten llamar al universo mientras recordando a sí mismo de las verdades esenciales. ¿Qué mensaje le daría a la divina? ¿Qué se necesita para tener en cuenta para vivir una vida de plenitud espiritual? Si usted puede contestar a estas preguntas en palabras claras, entonces se puede llegar a una afirmación que mover montañas.

La curación de su chacra de la corona

La paciencia es una virtud esencial. Esto se aplica a casi todas las áreas de la vida, pero es especialmente importante cuando se trata de asuntos espirituales. El universo no funciona en nuestro tiempo. Tenemos que estar dispuestos a operar en la fe, haciendo lo que es correcto y confiar en que vamos a lograr nuestros objetivos en el tiempo. La curación de su chacra de la corona puede tomar un tiempo, pero puedo garantizar que los resultados serán vale la pena cada minuto.

Leer textos sagrados

Uno de los errores comunes que rodean los chacras es que pertenecen a una sola tradición espiritual. Debido a que la palabra viene de Sandskrit y gran parte de los primeros conocimientos sobre los chacras proviene de la India, la gente asume que usted debe ser un hindú o budista a creer en los chacras. El quid de la cuestión es que esto simplemente no es el caso. Puede ser un miembro de cualquier tradición de fe y comprometerse con estas antiguas verdades. Es por eso que no hablamos de cualquier deidad en particular, sino que se refieren a la divina. Todos los fieles de la tierra de acuerdo en que existe una divinidad, pero las barreras artificiales a menudo mantienen a la gente de apreciar este hecho. Somos más parecidos que diferentes.

Con esto en mente, usted puede sanar su chacra de la corona en su compromiso con el texto religioso de su elección. Lo que importa es el hecho de que se acerque el texto con un corazón abierto, listo para recibir la sabiduría divina. eruditos religiosos comparativos han pasado siglos señalando todas las conexiones entre las distintas tradiciones de fe. Está claro que cuando se involucra con un texto religioso con fe sincera va a profundizar su conexión con lo divino.

Comunicarse con lo divino

Una cosa que usted debe recordar en todo momento es que nunca está realmente cortado de la divina. Si su chacra de la corona está bloqueada puede que no sea capaz de oír los mensajes que la divina le está enviando, pero eso no quiere decir que los mensajes no se envían. Asimismo, no significa que no se escuchan sus mensajes.

Nunca deje de llamar a la divina y nunca dejar de escuchar los mensajes del más alto. Tiene una conexión con lo divino que no puede ser cortada. Puede haber momentos en los que vaya a los sordos y la comunicación se siente de un solo lado, pero hay que perseverar todo lo mismo. Puede no ser capaz de oír la divina en su estado actual, pero la divinidad siempre te oír.

Comuna con otros viajeros

Los seres humanos no están destinados a vivir vidas de soledad. Estamos diseñados para vivir juntos, trabajar juntos, reír juntos, y aprender juntos. Si bien podemos lograr muchas cosas por nuestra cuenta, todas las mejores cosas de la vida suceden cuando somos parte de un grupo. Es por eso que ayuda a buscar a las personas que pueden unirse en su viaje espiritual.

Para aquellos que siguen una tradición religiosa más comunes, esto puede ser una tarea bastante simple. Asistir a un lugar de culto local donde la gente comparte sus creencias puede ser muy conveniente en estos casos. Pero no se desespere si se siente como si estuviera solo en sus creencias. Si se comprometen a la búsqueda de personas que puede compartir su viaje con, entonces es muy probable que encontrar su lugar.

Puede que tenga que sacrificios de viaje o realizar o abra su mente a ideas que no está de acuerdo con el personal, pero esto es de esperar. Las relaciones son sobre el compromiso y la conexión, es difícil crecer cuando se rodea de personas que no empujan a salir de su zona de confort.

Capítulo 8: La meditación Chacra

Hasta ahora hemos estado buscando en cada uno de los chacras de forma individual, el aprendizaje sobre sus propiedades, y cómo pueden ser equilibrado. Si bien es muy valiosa para saber cómo abordar las preocupaciones con chacras específicos, sino que también ayuda a tener un método de meditación puede utilizar que los balances de todos los chacras.

Cuando se intenta por primera tratando de llevar a ti mismo en equilibrio o se enfrentan a problemas graves, entonces es mejor centrarse en un solo chacra. Pero una vez que entra en el hábito de equilibrar sus chacras regularmente, entonces se va a realizar el mantenimiento mayor parte del tiempo. Esta rutina le permitirá equilibrar regularmente todos sus chacras en una sola sesión de meditación. Esto no quiere decir que van a ser introducidos en la alineación perfecta, que depende de la forma de ejecutar los pasos. Aun así, siguiendo esta rutina puede mejorar drásticamente su equilibrio espiritual y estabilidad.

Siete meditaciones del chacra

1. Comience por encontrar un área donde usted puede sentarse y disfrutar de un largo periodo de paz y tranquilidad. Desea reducir al mínimo las interrupciones que podría sacudir el proceso.

2. Sentarse en el suelo. Cruzar las piernas, manteniéndolas apretado y baja a la tierra. Siéntese derecho, no se deje queda atrás. El más equilibrado de su cuerpo es el más equilibrado de sus chacras serán.

3. Cierra los ojos y empezar a concentrarse en su respiración. Necesita hablar respiraciones a intervalos regulares, respirar profundamente y exhalar lentamente. Sentir el aire a medida que circula a través de su cuerpo, al igual que la energía espiritual que corre por ti.

4. El siguiente paso es liberar la tensión. Vas a ir a través de cada parte importante del cuerpo, moviéndose desde la cabeza hasta los dedos de los pies. En su mente se va a pedir a cada parte del cuerpo para liberar su tensión mientras exhala. Esto es algo que puede ser una lucha al principio ya que la mayoría de las personas no están acostumbrados a hablar con su propio cuerpo, pero si usted lo intenta en serio verá que funciona.

5. Una vez que esté relajado y su mente se ha calmado, imagen de la base del coxis. Ahora represente un punto de luz roja. Este es el chacra raíz. Mira como brilla y legumbres.

6. A continuación, se moverá hacia arriba a un punto unas pulgadas debajo del ombligo. Foto una luz naranja que brilla e irradia energía. Este es el chacra sacro. Sentir su energía.

7. Mover hasta un punto por encima de unas pocas pulgadas de su ombligo. Imagínese una bola de luz amarilla salir de ella y sigue creciendo. Este es el chacra

del plexo solar. Verlo crecer y vuelta, girando como una rueda.

8. Un paso adelante para el punto en el pecho justo al otro lado de tu corazón, busca una luz verde brillante. Este es el chacra del corazón. Ver como las legumbres y vibra, el equivalente espiritual de su corazón físico.

9. Ahora mueva hasta la base de la garganta. Ver una luz azul emergen de ella. Este es el chacra de la garganta. Siente la energía que fluye a través de él cada vez que toma una respiración, el envío de aire a través de la garganta.

10. Subir aún más alto hasta el punto en el frente justo encima de las cejas. Ver una luz púrpura emerger. Este es el chacra del tercer ojo. Ver como se mira en todas las direcciones, mostrando todo lo que necesita para ver.

11. Por último, se mueven hasta la punta de la cabeza. Imagine una luz blanca emerge. Este es el chacra de la corona. Se convierte en un disco que gira alrededor de su cabeza. Es una rueda, que es una corona, es su conexión con lo divino. Sentirlo, lo abraza.

12. Ahora imagina una cadena de luces de su coxis hasta la punta de la cabeza. Ver ellos se unen, formando un arco iris línea que corre a lo largo de su columna vertebral. Siente la energía que emana de esta cadena de alimentación. Mira cómo se expande el arco iris y lo rodea con un deslumbrante despliegue de luces.

13. Usted acaba de abierto a todos y cada chacra. Sentir los flujos de energía en forma ahora que usted está abierto al mundo.

14. Tómese su tiempo para relajarse, una vez más, tranquilamente tomando el sol en su nuevo estado.

15. Una vez que siente que ha meditado lo suficiente, abre los ojos, pero permanecer sentados durante unos momentos.

16. Ahora póngase de pie lentamente, hacer un poco de estiramiento, y prestar atención a su cuerpo. prestar atención a cómo se siente su cuerpo después de la meditación. Tomar nota de cualquier cambio.

17. ¡Felicidades! Si has seguido todos los pasos que ha abierto con éxito y alineados todos sus chacras por primera vez.

En este punto es importante recordar que la salud espiritual es un viaje, no una cosa de una sola vez. Si las cosas se sienten un poco incómodo al principio no hay necesidad de preocuparse. Esto es algo completamente nuevo para usted, y es natural sentirse de esa manera. Vivimos en un mundo materialista, donde todo lo espiritual es visto como extraño. Incluso si usted no comparte este punto de vista, sigue siendo posible interiorizarlo.

También vale la pena recordar que se necesita tiempo para conseguir la caída de nada. No vas a recoger una mancuerna y convertirse en un culturista en su primer día. El compromiso es necesario si desea que los resultados reales. Cada vez que meditas, puede ir más profundo y encontrar nuevas fuentes de fuerza interior. El poder ya está dentro de ti, todo lo que tiene que hacer es poner en el trabajo necesario para desencadenar la misma.

Cada chacra es importante

Una vez más, me gustaría volver a un tema recurrente de este libro: nunca se debe ignorar un chacra, ya que no se siente importante para usted. Hay demasiadas personas que quedan atrapados en el romance del corazón, tercer ojo, o chacras de la corona y comienzan a creer que tienen que enfocar sus energías en los chacras superiores. O es posible que tenga un problema de salud relacionado con uno de los chacras medias y enfoque en el chacra que esperas te curará sin tener en cuenta los otros.

Todo esto es comprensible, pero también es errónea. Mientras que los chacras son distintos en algunos aspectos, también son parte de un todo. La pierna superior, inferior de la pierna y el pie están formados por huesos separados, sino que deben trabajar juntos para hacer lo que se hicieron para hacerlo. Lo mismo ocurre con sus chacras.

Ya sea que esté haciendo meditación chacra o tratando de lograr el equilibrio a través de otros métodos, siempre recuerda que no se puede equilibrar adecuadamente los chacras superiores sin equilibrar los chacras inferiores. Se necesita un poco de paciencia para dar a cada chacra de la atención que merece, pero al final encontrará que sus esfuerzos se verán recompensados.

Consejos para la meditación

La meditación no tiene por qué ser complejo, pero todavía hay cosas que debe saber si desea obtener el máximo provecho de esta maravillosa actividad. Si se mantiene un par de cosas en mente, usted encontrará que es más fácil construir una rutina de meditación exitosa.

Medite tan pronto como sea posible

Mientras meditaba es una gran actividad para casi cualquier hora del día, el momento más efectivo para la meditación es poco después de levantarse. Meditación Kundalini es una gran manera de equilibrar sus chacras y generar energía positiva. Hacer esto a primera hora de la mañana le preparará para el día por delante de usted, lo que le permite sacar el máximo provecho de cada momento que usted está despierto.

También vale la pena teniendo en cuenta que a medida que avanza el día y que se enfrentan el estrés y las energías tóxicas, en un estado inferior al óptimo de la mente, usted podría encontrar que usted no siente que quiere meditar más tarde en el día. Esto puede conducir fácilmente a los días omitidos y una espiral descendente que pudiera poner en peligro su nuevo hábito de la meditación.

Por lo tanto, si se puede meditar en la mañana, tratar de hacerlo tan pronto como sea posible después de despertarse. Se le agradece que lo hizo durante todo el día.

Comience con sesiones cortas

Mientras que cada minuto que pasamos meditando le ofrece la oportunidad de equilibrar sus chacras y en comunión con el universo, se debe tener en cuenta que a veces se puede tener demasiado de algo bueno. Lo importante es crear un hábito de la meditación, y si se intenta y meditar demasiado en la dificultad de comenzar es posible que tenga entrar en el hábito.

Recuerde el lema, salud espiritual es similar a la salud física. Nunca se debe pasar de ser un adicto a la televisión completa a tratar de correr un maratón durante la noche. Del mismo modo, si usted nunca ha meditado antes, entonces probablemente no debería comprometerse a meditar durante horas todos los días.

Si usted comienza a cabo la meditación durante cinco a diez minutos y se agrega lentamente el tiempo, entonces usted será más probabilidades de lograr resultados positivos. Escuchar a su cuerpo y sentir su energía. Si se siente llamado a meditar más, y luego ir a donde usted siente que debe. Por otra parte, no se esfuerce por orgullo, ansiedad o impaciencia terminado.

Considere la reproducción de música

Si necesita ayuda para despejar su mente o simplemente establecer el estado de ánimo, a continuación, tratar de meditar con una banda sonora. Usted quiere elegir calmar la música instrumental que no le distraiga. La música debe ser como la banda sonora de una película, lo que acentúa la acción sin abrumar él.

Intenta meditar con y sin música y ver cómo reacciona a ambos. Usted puede ser sorprendido por lo que descubra. Algunas personas que suelen escuchar música descubren que necesitan estar a solas con sus pensamientos, mientras que otros acaban encontrando que la música les ayuda a alcanzar mayores profundidades emocionales. Todo el mundo es diferente y diferentes tipos de música crear diferentes reacciones. Experimentar y ver lo que resuena con usted.

Si usted puede tomar un momento, se puede meditar

El último consejo en este capítulo es la siguiente: usted no necesita una sala especial para mediar en cualquier lugar donde se puede encontrar un poco de paz y tranquilidad podría ser un punto potencial de mediación. Mucha gente ama a meditar exterior. Si usted no se siente conectado a tierra, puede ayudar a meditar con el suelo bajo sus pies.

Incluso puede utilizar técnicas de meditación cuando no se puede conseguir paz y tranquilidad. Si se puede cerrar los ojos y practicar la respiración, puede salir del mundo normal para un poco. Esto significa que puede medite en su escritorio, en el autobús, en el DMV, o en cualquier otro lugar. Puede que no quiera ir a través de algunos de los ejercicios de meditación más elaborado que hemos discutido en este libro, pero se puede calmarse y encontrar su centro usando este enfoque.

Capítulo 9: Reiki Chacra

¿Qué es el Reiki?

A medida que profundizar en el mundo de la curación espiritual, que está seguro de encontrar una práctica conocida como Reiki. Este es un método de curación espiritual que viene de Japón. El nombre combina los símbolos japoneses para "alma" y "energía de la vida" (Fueston 3). Por lo tanto, el nombre está cargado de simbolismo, en declaraciones a la energía del alma. Esta es la misma energía que hemos estado hablando en este libro. Es la energía espiritual que fluye a través de todos nosotros.

Aunque Reiki tiene sus raíces en las tradiciones espirituales de Japón y Asia continental, la práctica moderna de Reiki iniciado en 1922 por un hombre llamado Mikao Usui (Yamaguchi 62). Desde muy temprana edad Mikao era un brillante y joven inquisitiva, con intereses más allá de su edad. Estudió budismo y las artes marciales, los cuales le ayudó a dominar su cuerpo y su espíritu.

A medida que crecía Mikao sus estudios le mostraron un mundo de nuevas posibilidades. Mientras que él creció en las tradiciones budistas locales también tuvo conocimiento de otras religiones (Fueston 25). Todos sus estudios le ayudarían a llevar a la epifanía que tenía en una montaña llamada Monte Kurama (Stein). Él cree una nueva forma de curación se le había dado a él, y que era su trabajo para extender este método a cualquiera que pudiera ayudar.

Si bien el alcance de Mikao era bastante limitado en su vida, sus enseñanzas se extendieron rápidamente a sus seguidores viajaron a través de Japón y en todo el mundo. Mikao pensó en nuevas técnicas; sus seguidores enseñaron a la gente acerca de ellos.

La idea fundamental de Reiki es que hay una energía universal que fluye a través de todos nosotros. Esta energía nos mantiene saludable cuando está fluyendo libremente, pero cuando el flujo de energía se ralentiza o se detiene entonces surgen problemas. ¿Esto te suena familiar?

Mikao sacó de las mismas tradiciones que nos dio el sistema de chacras. Reiki originalmente utilizado la palabra "tanden" para referirse a los vórtices de energía, pero ahora los usuarios de Reiki comúnmente hablar de chacras. El punto es que Mikao tomó el conocimiento de que ya estaba establecido y ha añadido nuevos conocimientos sobre cómo se podía manipular el flujo de energía y la curación podría ser transmitido de una persona a otra.

Hasta ahora nos hemos centrado en lo que puede hacer para encontrar y resolver los problemas con sus chacras. Lo Reiki ofertas es un sistema por el cual podemos ayudarnos unos a otros a alcanzar el equilibrio espiritual. sanadores Reiki están equipados para identificar los bloqueos de energía y sanar con sus manos desnudas.

Las manos son muy importantes en Reiki. La idea es que una vez que alguien se ha conectado con la energía universal, pueden entonces canalizarla en las palmas de sus manos. Esto convierte a las manos en herramientas de curación que puede manipular el flujo de energía y mejorar el bienestar espiritual.

aura lectura

Otro aspecto de Reiki es el concepto de aura. Esto es algo que la mayoría de la gente ha oído hablar, pero a menudo entienden mal. Un aura no es algo que se encuentra fuera de un individuo, que está dentro de ellos. Sin embargo, las técnicas especiales de Reiki pueden revelar el aura de una persona y ayudarles a localizar los problemas. espectáculos negatividad hasta lo más oscuro manchas que necesitan ser abordados antes se puede lograr el flujo de energía adecuada.

Esto es muy relevante para lo que hemos estado hablando en este libro. Un aura sucia es una señal de los chacras que están fuera de equilibrio. Si usted es capaz de leer su propia aura, a continuación, puede identificar las áreas que necesitan trabajar en.

La idea es que todas las prácticas de Reiki comienzan conectando con la energía que nos rodea y aprender a reconocerlo. Una vez que podemos sentir la energía en el mundo que nos rodea, entonces también podemos examinar la energía que fluye dentro de nosotros mismos.

El proceso comienza ya que muchos de estos procesos, mediante el cierre de los párpados. Una vez que estén bien cerradas, entonces la mente estará libre de imaginar el flujo de energía. El siguiente paso es medir ese flujo, mediante la celebración de sus manos unas pocas pulgadas de su cabeza y luego, lentamente, moviéndose por todo el cuerpo.

Reiki dice que, si está bien puesto a punto en la energía de la vida, entonces usted será capaz de sentir donde es más fuerte y donde es más débil o fuera de orden.

Estos análisis pueden realizarse lentamente y de una sola vez, o que se pueden hacer en las ondas. Un análisis rápido puede ser utilizado para recoger los puntos obvios de interés. A continuación, puede volver atrás y centrarse en aquellas áreas de manera que se puede señalar que las cuestiones que sean.

Si se pregunta qué esto tiene que ver con los chacras, la respuesta es simple. Si usted sabe dónde cada chacra está dentro de su cuerpo y saber dónde está su energía es más débil, entonces usted puede encontrar rápidamente los chacras que requieren su atención inmediata. Esto le da otra herramienta para utilizar en su búsqueda de la salud espiritual, si usted está teniendo dificultad para descubrir los desequilibrios, centrándose en los síntomas.

Una cosa que hay que entender es que esto no es una habilidad que se puede recoger en cuestión de minutos. Se necesita una gran cantidad de práctica, paciencia y una base sólida en el pensamiento espiritual. Si desea realizar un aura correcta lectura en sí mismo, entonces usted debe comenzar por aprender más sobre Reiki de una fuente dedicada al tema.

Nosotros simplemente no tenemos suficiente espacio en este libro para cubrir todo lo que necesita saber con el fin de desbloquear el poder de sanación Reiki.

Sin embargo, si usted siente que ya está en contacto con la energía del universo, entonces puede ser que también intente y se da una exploración aura. Esto puede ser una gran herramienta para la localización de las áreas problemáticas antes de que lleguen demasiado largo.

Sanación espiritual

Aprender a analizar su propia aura le puede ayudar en muchas maneras, pero es sólo el comienzo de lo que Reiki tiene que ofrecer. Recuerde, Reiki no se trata sólo de diagnosticar un problema. Es también un sistema para la curación.

Después de reconocer una energía fluya el Reiki sanador a pasar a los pasos siguientes. Ellos comenzarán enfocando su energía hacia un fin determinado. Es importante tener una idea clara de lo que está haciendo cada vez que se trata de energía espiritual. Si se trata de usar la energía fuera de foco, entonces usted es mucho menos probable que lograr los resultados que está buscando.

El siguiente paso es hacer uso de uno de los muchos símbolos de Reiki. Estas son señales que se pueden realizar con la mano que le dará a su lado de alimentación adicional. El sistema de chacras se llena con todo tipo de símbolos, por lo que esta es una práctica comprensible. Es necesario tener cuidado al canalizar la energía, sobre todo cuando se va directamente de una persona a otra con el propósito de curación.

Esta curación se logra cuando el sanador de Reiki coloca sus manos sobre la persona que está siendo curada y utiliza sus manos para redirigir el flujo de energía. Energía reacciona a la energía. Cuando un montón de energía de la vida se concentra en las manos, entonces puede ser objeto de un uso lograr hazañas asombrosas.

El detalle final de la cura de Reiki es que los practicantes de Reiki pueden controlar su nivel de conexión. El flujo de energía no es siempre en el mismo nivel, se puede reducir o aumentar de acuerdo con los deseos del practicante. Esta es la forma de energía negativa puede ser manejado por los curadores. El sanador llama la energía negativa de la persona con el problema y luego le corta su propio flujo de energía personal antes de que la energía negativa se filtre. Esta es una de las razones por las manos se utilizan en este proceso, que se encuentran muy alejados de los chacras.

Así que ahí lo tienen, una breve descripción de cómo funciona el Reiki curación. Reiki es un sistema muy singular, sino que utiliza muchas de las ideas que hemos hablado en este libro. Si usted está buscando métodos adicionales que puede utilizar para manipular el flujo de energía, entonces usted debe absolutamente estudiar Reiki en mayor profundidad.

Palabra de advertencia

Reiki es una herramienta maravillosa para la curación espiritual, pero no es un sustituto de la atención médica tradicional. Se puede utilizar como una herramienta complementaria. Definitivamente, usted puede visitar tanto un médico y un sanador Reiki y dejar que ambos hacen lo que pueden. Aun así, no debe abandonar la medicina moderna sólo porque usted descubrió el Reiki. También vale la pena señalar que no todos los sanadores son dignos de confianza. Si un sanador Reiki hace promesas que suenan demasiado bueno para ser cierto entonces que muy bien podrían ser.

Una vez más, Reiki y otras técnicas de sanación espiritual son excelentes herramientas para su salud espiritual, pero no son sustitutos de la medicina y todo lo prescrito por su médico.

Capítulo 10: usos cotidianos de los cristales de Chacra

Una de las cosas sorprendentes sobre los chacras es la profundidad de la sabiduría que les rodea. Si bien hemos entrado en una cierta profundidad con respecto a cada uno de los chacras siete hasta ahora en este libro, sólo hemos empezado a rascar la superficie. Después de todo, los chacras han sido estudiados por los eruditos y sabios desde hace miles de años, las bibliotecas enteras podrían ser llenados con el trabajo escrito en estos siete conductos espirituales.

Un área fascinante de estudio es la conexión entre chacras y cristales. A lo largo de la historia, la humanidad ha mirado piedras preciosas y los imbuido de un profundo significado. A través de un cuidadoso estudio y la experimentación, los individuos sabios fueron capaces de establecer conexiones entre ciertos minerales y los diferentes chacras. Se cree que ciertos materiales reaccionan a la vibración del chacra, creando una conexión que le ayuda a llevar el chacra en equilibrio.

Para experimentar los beneficios espirituales de cristales por sí mismo sólo hay que encontrar la piedra adecuada para un chacra dado y usarlo en consecuencia. Echemos un vistazo a las diferentes piedras y luego ver cómo pueden ser objeto de un uso.

Piedras diferentes para diferentes chacras

chacra de la raíz

Cristales: rubí, granate, jaspe rojo y cuarzo ahumado

Cada uno de estos cristales tiene propiedades particulares que ayudan a contrarrestar los problemas relacionados con un bloqueo en el chacra raíz. Recuerde que debido a que la raíz es la base y el fundamento de su ser espiritual, la preocupación principal a tener en cuenta es que las hojas de un bloqueo que se sienta desconectada y desarraigados. Con esto en mente, usted debe considerar el uso de los cristales para ayudar a restablecer sus conexiones con el mundo espiritual y la raíz a sí mismo firmemente en su suelo espiritual saludable.

Tomar una piedra adecuada, sostenerlo en sus manos, y sentarse en el suelo. Asegúrate de probar y sentarse en una posición tal que son como tierra y más equilibrada posible. Recuerde que lo espiritual y lo físico están conectados. Si su realidad física refleja el estado espiritual que está esforzándose hacia usted es más probable que tenga éxito.

Una vez que esté sentado cómodamente y de forma segura, es necesario cerrar los ojos y empezar a tomar respiraciones lentas y regulares. A medida que inhala y exhala usted debe imaginar que con cada aliento que exhala llegar abajo en el suelo espiritual debajo de ti, y con cada respiración se inhala se siente su progreso ser aceptado y abrazado.

Lenta pero seguramente va a arrancar de raíz a sí mismo cada vez más en el mundo espiritual. Las vibraciones del cristal ayudarán a acelerar la velocidad a la que las energías tóxicas son liberadas de su chacra de la raíz y se restablece el equilibrio.

chacra sacro

Cristales: ámbar, piedra de oro y cornalina

Mientras que las personas son a menudo más preocupadas por los niveles bajos de energía, sino que también es importante darse cuenta de que los chacras también puede tener problemas cuando suben los niveles de energía demasiado alta y el exceso de energía comienza a comportarse de forma destructiva. Es por eso que es útil saber cómo usar sus cristales para ayudar a eliminar el exceso de energía. Recuerde, la meta es el equilibrio y por lo que no quiere deslice demasiado lejos en una dirección determinada.

Tome su cristal y presionarlo cerca de la zona del cuerpo donde se encuentra el chacra sacro. Si usted no recuerda, está justo debajo de su ombligo. Una vez que el cristal está en su lugar, es necesario cerrar los ojos y tratar de sintonizar con la energía a medida que fluye a través de ti. Trate de sentir el exceso de energía que fluye a través del área que rodea a su chacra sacro.

Una vez que se siente como si estuviera en sintonía con la energía, tomar una respiración profunda y luego exhale el aire en sus pulmones y la energía en su chacra. Sentir la vibración del cristal, ya que resuena con su chacra y ayuda a extraer esa energía. Observe a su nuevo nivel de energía y repetir si es necesario. Sin embargo, desea tener cuidado. Usted no quiere expulsar demasiada energía. En la mayoría de los casos sólo se debe exhalar un par de veces y luego ver cómo van las cosas antes de seguir adelante. Muchas personas encuentran que es más fácil para deshacerse de la energía que para construir una copia de seguridad, por lo que por lo general es más seguro para conservar la energía cuando sea posible.

chacra del plexo solar

Cristales de jade amarillo, pirita y ámbar.

Algunas técnicas de cristal son complejos, mientras que otros son simples. No hay manera de que se debe usar cristales, esa es la belleza de ellos. La técnica que estaremos viendo en este momento es simple, pero potente.

Encontrar un lugar donde se puede establecer con seguridad y disfrutar de la paz y la tranquilidad durante diez a veinte minutos. Luego se tumbó en el suelo y colocar el cristal en su plexo solar. Si el cristal tiene una punta afilada, tratar de asegurarse de que esa punta está apuntando lejos de su chacra.

Ahora acaba de permanecer en el suelo, cerrar los ojos y sentir el flujo de energía. Siente la subida y bajada de su pecho mientras inhala y exhala. Imagine que cada vez que el pecho se levanta se tira energías tóxicas de su chacra del plexo solar y lo empuja hacia el universo.

chacra del corazón

Cristales: esmeralda, cuarzo, aventurina, jade y kunzita rosa.

Mientras que obtendrá el máximo provecho de sus cristales si se utilizan de forma activa, también se pueden utilizar métodos más pasivos para lograr el equilibrio. Usted puede hacer esto mediante el uso de algo que va a mantener su cristal cerca del chacra que está diseñado para trabajar con ellos. Esto es más fácil con el chacra del corazón, ya que se encuentra en el área de su cuerpo donde muchos collares, naturalmente, vienen a colgar.

o bien se puede encontrar un collar que viene con un cristal incorporado que es apropiado para su chacra del corazón, o puede atar una cuerda alrededor de un cristal que ya tiene. Sólo tenga cuidado, ya que no quiere caer y perder un cristal valioso debido a un nudo mal atado.

Antes de poner en el cristal, se debe lavar en agua salada que se ha calentado. El trabajo en agua tibia y sal juntos para limpiar el cristal, su preparación para el futuro día. Ahora ponga en el cristal, colocándola contra su piel si se puede. Ahora seguir con su día y la sensación como el cristal que ayuda a estabilizar, sacando energías negativas y que le protege de las fuerzas tóxicos que quieren entrar en su chacra del corazón.

Cuando se hace el día, se debe lavar el cristal de nuevo antes de colocarlo en un lugar seguro para su almacenamiento. ¡Podría no parecer nada ha cambiado, pero un montón de energía negativa puede llegar a aferrarse a un cristal después de un largo día!

chacra de la garganta

Cristales: Angelite, aguamarina, y calcedonia.

La respiración consciente es una parte importante de lograr el equilibrio y la atención, por lo que la garganta se entiende que es importante. Se pueden combinar los cristales, respiración activa y cristales para ayudar a limpiar el chacra de la garganta de las energías negativas.

Tome su cristal y presione ligeramente contra la base de su cuello, descansando entre los huesos de la clavícula. El cuerpo aún tiene un surco natural que es un ajuste perfecto para muchas joyas más pequeños. Una vez que usted ha puesto el cristal en su lugar, vas a tirar de él hacia adelante, más allá de su barbilla.

La idea es que usted va a ser la inhalación de energía positiva y la exhalación energía negativa. A medida que inhala, se toma el cristal y tira de ella a su garganta, y al espirar se presiona el cristal lejos de su garganta. Desea que los movimientos y la respiración a ser lento y reflexivo, no es rápido y automático.

Con este ejercicio, su cristal le ayudará a tirar de la energía positiva del mundo a su alrededor y expulsar la energía negativa de su chacra de la garganta. Cierra los ojos y tratar de sentir el flujo de energía, experimentando el proceso de equilibrio, ya que se lleva a cabo.

Chacra del tercer ojo

Cristales: fluorita, lapislázuli, amatista, y sodalita.

El poder del tercer ojo proviene del hecho de que le permite ver cosas que no se pueden ver con sus ojos físicos. Otra forma en que se puede ver sin los ojos es a través de la visualización. Esto puede ser una poderosa herramienta para enfocar sus energías.

Tome su cristal, limpiarlo, y luego mantenerlo hasta su tercer ojo. Recuerde, es en el centro de la frente, justo por encima del nivel de las cejas. Una vez que tenga en su lugar, mantenerlo allí. Ahora cierra los ojos.

Con los ojos cerrados, visualizar lo que sea que quieres de la vida. Visualizarlo la mayor claridad posible, como si estuvieras viendo ante sus ojos. Zoom en los detalles, sienten los diferentes sentidos reaccionan a la escena, y le permiten jugar a cabo.

Este proceso hace dos cosas. Por un lado, orienta sus energías hacia su objetivo. La segunda cosa que hace es enviar su objetivo hacia el universo. Si quieres algo, tienes que pedirlo. Se olvida de muchas posibilidades de que usted no toma.

chacra de la corona

Cristales: El cuarzo claro, diamante, lepidolita y amatista.

El chacra de la corona es antena parabólica de su cuerpo, la difusión hacia el universo y recibir mensajes a su vez. En este ejercicio, se va a utilizar un cristal adecuado para ayudarle a estar en comunión con el universo.

Encontrar un lugar que es tranquilo y privado. Divinidad menuda habla con una voz suave, pidiendo a nosotros para dejar a un lado todo lo demás cuando queremos estar en comunión con lo divino. Sentarse en una de dos maneras, con las piernas cruzadas o en una posición de rodillas. Recuerde que el objetivo es la comunicación con el universo, por lo que desea elegir una posición que transmite su respeto a la situación.

Una vez que esté firmemente en su lugar, tomar el cristal y el equilibrio sobre la parte superior de su cabeza. Este proceso será más fácil para unos que para otros. Si no puede equilibrar, también puede mantenerlo en su lugar o mantenerlo lo más cercano a la parte superior de su cabeza como usted puede conseguir.

El paso final es simplemente cerrar los ojos y enviar un mensaje al universo. Usted puede orar de acuerdo a su tradición de fe personal o puede simplemente hacer lo mejor para enviar energía positiva hacia el universo. Una vez que haya dicho su parte y enviado a cabo la energía, tratar de calmarse y recibir de vuelta la energía del universo.

No se preocupe si usted no se siente como usted recibe algo, es probable que sólo significa que necesita un poco más de equilibrio. Sin embargo, recuerde que la divinidad siempre te escuchará y recibir su energía. Incluso si se siente como si nadie te está escuchando o que está hablando a ti mismo, es necesario tener la fe de que no está siendo ignorado. La fuerza que crea y sostiene toda la vida nunca te abandonará.

Los consejos generales de cristal

Si bien hay un montón de consejos y trucos relacionados con cada chacra y los cristales específicos que se pueden utilizar para equilibrar ellos, no todo es tan específico. También hay información general que vale la pena conocer no importa qué tema en particular que podría estar tratando.

cristales del programa antes de su uso

Si desea obtener el máximo rendimiento de sus cristales que necesita para asegurarse de que estén adecuadamente preparados para la tarea que tiene en mente. No se preocupe, es un proceso sencillo. Simplemente tome el cristal, colocarlo en su palma de la mano, cierra los ojos, e imaginar lo que se espera lograr con el cristal. Invocar la energía positiva y enviarlo fluye en el cristal, activándolo y apuntando hacia sus objetivos específicos.

En caso de duda, utilice cuarzo transparente

Si acaba de empezar el uso de cristales, se puede sentir como que no está listo para comprar un juego completo de siete cristales. Mientras que es ciertamente posible encontrar conjuntos de cristal muy asequibles, a las necesidades de todos los sujetos de aproximación de este tipo a partir de la etapa que se encuentran. Por lo tanto, si usted está buscando un cristal para empezar, entonces su mejor apuesta es clara cuarzo.

Mientras resuena cuarzo transparente especialmente bien con el chacra de la corona, que tiene propiedades únicas que le permiten aceptar la energía de cualquiera de los otros chacras. Esto no significa que funcionará igual de bien con todos los chacras, pero sigue siendo el mejor cristal de propósito general.

Utilizar la sal para eliminar la contaminación espiritual

¿Sabe usted cómo su nuevo cristal se ha manejado? Si bien hay algunos vendedores que se aseguran de manera apropiada los cristales de mango con fines espirituales, muchos minoristas no saben o no les importa. Esto es especialmente cierto si usted está de compras en unos grandes almacenes de cadena corporativa. También debe tener cuidado con los cristales utilizados. Es imposible decir qué tipo de energías de los cristales podrían haber absorbido a medida que viajaban desde el suelo hasta las manos.

La buena noticia es que usted no necesita a la desesperación; se puede limpiar casi cualquier cristal. Encontrar un recipiente, llenarlo con una fina capa de sal de mar, y luego colocar el cristal que desea limpiar el interior de la misma. Dejar reposar durante la noche para obtener mejores resultados. Cuando haya terminado, saque el cristal, tirar la sal, y el uso de su cristal sin embargo que usted desea.

Limitar el número de cristales se utiliza de forma activa en cualquier momento

A medida que comience a recoger más y más cristales, que podría estar tentado a poner a todos al uso y ahorrar tiempo utilizando todos al mismo tiempo. Si bien hay algunas técnicas especiales que utilizan una amplia gama de cristales, estos son la excepción a la regla. Recuerde que el logro de la salud espiritual se parece mucho a la consecución de la salud física. Cuando las personas se ejercitan, por lo general se centran en un grupo muscular a la vez. En la mayoría de los casos, tratando de hacer todo a la vez significa que nada recibe la atención que merece.

Se puede llevar a siete o más cristales en usted si desea mantener su saldo actual, pero si usted tiene chacras que necesitan ser limpiado, entonces debería usar un cristal a la vez mientras se concentra en las áreas problemáticas. Esto también le ayudará a evaluar cristales particulares y entender cómo se relacionan con su cuerpo y su energía personal.

Los cristales y la espiritualidad

Como se puede ver, los cristales no son sólo bonitos accesorios para poner en un estante y olvidar. Los cristales son una manera de conectar con la energía espiritual que fluye a través de ti y en todo el universo. Sin embargo, es importante reconocer que mientras que los cristales tienen poderes también tienen limitaciones.

Esté pendiente de los que buscan al espiritismo giro para adaptarse a la moderna mentalidad materialista. Estas son las personas que dicen que los cristales caros van a resolver todos sus problemas. Ellos podrían sugerir que usted compra un montón de cristales y llenar su casa con ellos, lo que les permite drenar de forma pasiva las energías tóxicas, mientras que usted va sobre su vida normal.

Los cristales no funcionan de esta manera. La potencia de un cristal no se define por su precio y que no se puede desbloquear de forma pasiva. Para lograr resultados reales con un cristal, es necesario elegir uno y utilizarlo de forma activa, la alineación de las vibraciones de sus energías espirituales con la vibración del cristal para lograr la armonía.

Piénsalo de esta manera, cristales y otros accesorios están a la salud espiritual lo zapatos para correr y accesorios de ejercicio son para la salud física. Ellos pueden ayudar a hacer el proceso más fácil, pero no van a hacer el trabajo por usted. Además, nunca se debe sentir como si tuviera que gastar un montón de dinero para crecer. Muchos de los más grandes atletas y espiritistas han llegado de la nada. No permita que cualquier cosa que espera la vuelta de desbloqueo de su grandeza desde dentro.

Capítulo 11: Meditación guiada - cómo meditar correctamente

En muchos sentidos, la meditación puede ser como una oración. Es un proceso íntimo que todo el mundo se acerca de forma diferente. Por otro lado, a través de los años se ha descubierto que ciertas técnicas de meditación ofrecen ventajas únicas. ¿Cómo acercarse a la meditación impactarán los resultados a alcanzar? Con esto en mente, vale la pena observar cómo la meditación guiada puede ayudar a sacar el máximo de cada minuto que pasas en la meditación.

La idea de la meditación guiada es que la persona que medita está siguiendo las instrucciones de un guía. Proviene de las muchas tradiciones espirituales donde los líderes experimentados podrían transmitir sus conocimientos al guiar a sus alumnos en las artes espirituales que habían descubierto. La única cosa sobre la meditación guiada en la era moderna es que ahora los estudiantes no tienen que ir al encuentro de maestros, pueden escuchar las instrucciones de meditación desde casi cualquier lugar.

Ayuda a conocer las mejores técnicas de meditación. Si usted entiende los principios básicos y las técnicas de kundalini, que será mucho mejor preparados. Un poco de conocimiento puede recorrer un largo camino, ya sea que esté buscando a alguien que te guíe, un mensaje pregrabado a seguir, o un plan personal para la meditación.

El valor de los mantras

Una de las cosas que marcan la meditación kundalini aparte de otros enfoques es el uso de mantras. Rítmicamente el canto durante la meditación es una poderosa manera de mejorar los resultados de su meditación.

Hay una gama completa de mantras se pueden utilizar. Si usted lee a través de este libro, entonces usted habrá notado una sección sobre mantras en cada capítulo chacra del individuo. Cuando usted está buscando para hacer frente a un chacra en particular y ponerla en equilibrio, puede realmente ayuda a encontrar y utilizar el mantra apropiado.

La importancia de la respiración

Otra cosa a buscar en la meditación kundalini está respirando. Regular el flujo de aire es una forma en que podemos dominar nuestros cuerpos y remodelar la forma de sentir, actuar y pensar. Si esto suena extremo a usted, sólo tratar de practicar control de la respiración grave y pronto se sentirá el poder mismo.

Al igual que con mantras, no hay un patrón de respiración. Los diferentes patrones de respiración se pueden utilizar para lograr resultados diferentes. Puede cambiar la cantidad de aire que inhala, la rapidez con que exhala, y cómo se alternará entre la exhalación y la inhalación. Así es, usted no tiene que pegarse con la inhalación y la exhalación. También puede encadenar múltiples inhala, pero el cambio a múltiples exhala. Esto puede ayudar a dejar de pensar a algunos lugares muy interesantes.

La importancia de la estimulación

Kundalini meditación no es para personas que necesitan una acción constante. Se trata de la intencionalidad, no la velocidad. Se necesita tiempo para activar los chacras uno por uno. Esto no es algo que se puede activar como que está accionando un interruptor de luz. Es un proceso gradual y metódica.

Esto no quiere decir que usted tiene que comprometerse a largo y dilatado sesiones de meditación. Puede comenzar con sesiones cortas y añadir más tiempo a medida que avanza. Pero incluso si sólo está meditando durante cinco minutos, usted todavía tiene que ser lento y deliberado si desea liberar el potencial completo de la kundalini. Sus energías toman tiempo para despertar. La única manera de acelerar el proceso es hacerlo de manera consistente para que sus energías no se permiten que caiga demasiado lejos fuera de equilibrio.

El valor de visualizaciones

Otro elemento común de la meditación realmente eficaz es la visualización. Puede ser difícil de envolver su cabeza en torno a algunas de las cosas que hablamos, porque estamos hablando de fuerzas que son invisibles a simple vista. Es por eso que utilizar la visualización para dar alguna forma a los pensamientos que nos ocupan.

Algunas visualizaciones son muy abstracto, ayudando a transmitir emociones o el flujo de energía. Otros son más literales, pidiéndole que imaginar una escena determinada dentro de su mente. Diferentes maestros utilizan diferentes enfoques.

La importancia de la energía

Hay muchas maneras de acercarse a la meditación. Cada uno tiene su propio valor, pero cualquier sistema que no se centra en nuestra energía espiritual pierde la marca por lo menos un poco. Cualquier programa de meditación guiada que no está diseñado para trabajar con el flujo natural de energía no le dará todo lo que necesita.

Esto no quiere decir que usted no puede asistir a un taller de meditación menos espiritual y en privado centrarse en sus propias energías espirituales. Sin embargo, esto va en contra del principio de la meditación guiada. De repente se están evitando de las instrucciones del maestro, que no es algo que fomenta un ambiente de aprendizaje saludable. Por lo tanto, entendemos que es posible, pero es mejor usar una rutina de meditación que está explícitamente diseñado para trabajar con su energía espiritual.

hallazgo Orientación

Es fácil ver por qué la meditación guiada es una idea buena, pero puede ser más difícil encontrar a la persona adecuada para guiarle. Como dijimos anteriormente, la meditación es un ejercicio íntimo, y no siempre es fácil encontrar a alguien cuyo enfoque se adapte a sus necesidades.

La buena noticia es que en la era moderna es más fácil que nunca para encontrar la dirección que usted busca. Si usted va en línea, usted encontrará un montón de recursos donde se pueden encontrar grabaciones donde gurús le llevará a través de una sesión de meditación. Aun así, no hay reemplazo para tratar con la gente en persona. La vida está sobre el flujo de energía que conecta a todos los seres vivos. Usted puede encontrar que la meditación como parte de un grupo más grande ayuda a alcanzar un nuevo nivel de equilibrio al elevar sus niveles de vibración.

Recuerde que mientras busca orientación, ayuda a buscar individuos que comparten su enfoque espiritual. El quid de la cuestión es que mientras que la meditación y el yoga ambos fueron creados para hacer frente a nuestras energías espirituales, muchas personas sólo ven los resultados físicos que producen. Las personas que no están interesados en lo espiritual pueden sentir el cambio producido por la meditación, pero no entienden lo que realmente es su causa.

Aunque nunca se debe juzgar a nadie por creer de manera diferente que lo hace, puede ser útil para encontrar a alguien que está en un camino espiritual similar. Esto es especialmente cierto cuando la búsqueda de alguien que le puede proporcionar orientación. Usted no quiere encontrarse en una situación en la que los ciegos guiando a los ciegos.

Si se puede pedir a la persona que dirigirá la meditación sobre cosas como los chacras y la kundalini y obtener una respuesta significativa, entonces podría ser alguien que escuche. Usted no tiene que saber de esas cosas por descubrir las verdades fundamentales detrás de la meditación, pero sin duda ayuda.

La meditación guiada más eficaz

Así que, después de todo está dicho y hecho, puede que se pregunte lo que debe hacer. Hay tantas opciones para elegir, por supuesto que te gustaría saber cuál es la mejor.

La respuesta honesta es la mejor opción es la que más le inspira a seguir meditando. Es por eso que no hay opción perfecta. Todos son diferentes.

El valor total de la meditación solamente se desbloquea una vez que desarrollar un hábito de meditar. Si te gusta tomar una determinada clase o escuchar a un determinado gurú en línea, a continuación, seguir su inspiración. Con tal de que no se están llevando en direcciones tóxicos se encuentra que el tiempo de permanencia en la reflexión en silencio le ayudará a poner las cosas en perspectiva.

Nunca se debe tan atrapados en la persecución de la perfección que nunca comprometerse a nada. Encontrar lo que funciona para usted y se adhieren a ella. Ese es el camino hacia el éxito.

Capítulo 12: La atención plena y la positividad

A lo largo de este libro, hemos pasado mucho tiempo hablando de la parte práctica de la espiritualidad. Esto es intencional porque mucha gente se pasa la vida absorción de información sin ponerla en práctica. Pero ahora es el momento de volver a paso y echar un vistazo a la imagen más grande.

Lograr el equilibrio duradero es más grande que sólo pasando por los movimientos. No se trata de mover el cuerpo de cierta manera, la respiración en un cierto patrón, y la celebración en ciertos artículos. Usted puede ir a través de todos los movimientos físicos de la espiritualidad, pero si su alma no está en él, entonces usted no verá los resultados que necesita.

Por favor, comprenda que el logro de un crecimiento espiritual requiere un cambio total. No se puede simplemente cambiar la forma en que se comportan; también debe cambiar la forma de pensar. Ver estos elementos como dos mitades de un todo único. El cambio ocurre cuando las unidades de pensamiento y de acción refuerza la acción pensaban. Sólo el pensamiento que lleva a ninguna parte y la acción por sí sola no va a durar. Su cuerpo y mente deben trabajar juntos como un solo si estás siempre de alcanzar su pleno potencial.

Atención plena

Si desea lograr y mantener el equilibrio espiritual, tiene que dominar el arte de la auto observación. Usted debe mirar dentro de ti mismo y reconocer los desequilibrios que se pueden formar en cualquier momento dado. Cuanto más pronto usted es capaz de reconocer los desequilibrios, más fácil será para corregirlos y seguir adelante.

Se puede llegar a entenderse a sí mismo, física y espiritualmente, mediante la práctica de la atención plena. Esta es una palabra que se usa mucho en estos días, pero hay que centrarse en una definición muy particular. La atención es la comprensión y la aceptación de la presente. Se trata de calmar la mente activa para que pueda experimentar el mundo como es, no el mundo deformado vemos después de haber coloreado todo con nuestras ideas preconcebidas. Se trata de mirar dentro de sí mismo y la aceptación de lo que encuentre.

Muchas personas no son capaces de resolver sus problemas, ya que no se entienden. Se siente como que, naturalmente, debe estar equipado para entender a nosotros mismos, pero es a menudo el caso que estamos en la peor posición de dar sentido a nuestras circunstancias. Si se le ha enseñado a creer cosas que no son verdad sobre sí mismo, entonces, naturalmente, tendrá una comprensión distorsionada de sí mismo, que le pueden estar frenando de alcanzar la verdadera paz y el equilibrio.

El conocimiento de uno mismo es especialmente importante cuando se tiene en cuenta la naturaleza de los chacras. Si bien hay algunas cualidades superpuestas, en muchos aspectos, cada chacra es único y requiere un tratamiento especial con el fin de lograr el equilibrio. Si usted no es capaz de localizar el origen de su problema, entonces usted va a estar mal preparados para hacerle frente.

Lograr el equilibrio requiere el uso constante de un proceso de dos pasos. El primer paso está mirando dentro y la identificación de los desequilibrios espirituales. El segundo paso está tomando medidas para corregir el desequilibrio. No es un sistema demasiado complicado; lo que es importante es que se practica con el compromiso y la coherencia.

Debemos una vez más volver a la idea de que el logro de la salud espiritual se parece mucho a la consecución de la salud física. Lo que nunca correr una vuelta alrededor del bloque y anunciar que usted era de repente un individuo en buena forma física. Pero, por otro lado, muchas personas asisten a un retiro de yoga y creen que han "logrado" el equilibrio.

El equilibrio es algo que debe ser constantemente hacia trabajó. Vivimos en un mundo lleno de energía negativa que hay que procesar siempre, y la mayoría de la gente a crear sus propias fuerzas tóxicos incluso cuando el mundo les da un descanso. Esto significa que la vida es una lucha sin fin contra las fuerzas de la negatividad. Hay que esforzarse en todo momento para contrarrestar estas fuerzas y trabajar hacia un equilibrio que entendemos que sea temporal, pero vale la pena el esfuerzo.

Una vez más, libros enteros se han escrito sobre la mentalidad espiritual. Es un tema que vale la pena una vida de estudio, pero en este capítulo, se le proporcionará una base que se puede empezar a trabajar en la actualidad y se basan en el resto de su vida.

Vamos a estar mirando a los dos pilares de una perspectiva espiritual: la atención y la positividad. Las ideas parecen simples en teoría, pero a medida que los pone en práctica, se llega a apreciar toda su complejidad y potencia.

positividad

Cuando la gente entiende que la espiritualidad no es una cosa de una sola vez, sino una forma de vida, algunas personas se sienten frustrados. La idea de hacer frente a una lucha que durará toda su vida puede parecer desalentador. Es por eso que usted necesita para la práctica positividad.

Es importante entender que vivir positivamente no significa negar la existencia de circunstancias desafortunadas. Cerrar los ojos de mal gusto no es nada positividad, es ignorancia voluntaria.

Usted no le gusta el hecho de que usted tiene que trabajar constantemente para mantener sus energías espirituales en equilibrio, pero se debe recordar que también hay que trabajar constantemente para mantener su cuerpo físico saludable. Cada día es necesario cepillarse los dientes, todos los días se tiene que mover su cuerpo, y cada día tienes que acabar de hacer y ser algo de sí mismo. Estas son todas las cosas que tiene que hacer o de lo contrario morirán. Si se piensa en el hecho de que tendrá que pasar horas en el transcurso de su vida cepillarse los dientes puede parecer desalentador en abstracto, pero en la práctica, es totalmente sin dolor una vez que se trata de una parte de su rutina.

También es posible disfrutar de las necesidades de la vida. Comemos porque tenemos que derribar los productos químicos en los alimentos con el fin de alimentar a nuestros cuerpos, pero eso no significa que no podemos disfrutar de este proceso esencial. Lo mismo vale para la actividad física. Usted puede aprender a disfrutar de las actividades necesarias para su salud física, y así también se puede aprender a disfrutar de la práctica de mantener su salud espiritual.

La vida no se trata sólo de los hechos antes, se trata también de cómo se mire estos hechos. Se puede ver en los problemas que pueden surgir en el día y fijarse en las formas en que pueden hacer su vida más difícil, o puede meditar sobre el crecimiento se puede lograr mediante el uso de sus facultades mentales, físicas y espirituales. Cada obstáculo puede convertirse en una oportunidad.

Piense en los grandes individuos en la historia. Ninguno de ellos se hizo famoso, poderoso o influyente por vivir una vida de comodidad y confort.

El universo no le dará cualquier reto que no se puede superar. Por supuesto, es necesario comprender que el mundo se ve diferente cuando se ve desde un lugar de omnipotencia. Nuestros cuerpos físicos pueden ser destruidos, pero nuestros cuerpos espirituales durarán para siempre. Situaciones que parecen sin esperanza en el exterior todavía pueden ofrecer oportunidades de triunfos espirituales. Considere los santos y mártires que han muerto por sus creencias largo de la historia, sacrificando sus formas físicas para crear un mundo mejor para las generaciones futuras.

Positividad verdadera viene de ser capaz de mirar el mundo como realmente es, con todos sus defectos, y reconocer el potencial para más. Se trata de la comprensión de que usted tiene el control total sobre su alma. Incluso si el mundo parece estar cayendo en la oscuridad, se puede encender una llama de bondad en su corazón que podría actuar como un faro para todos los que lo rodean.

El envío de energía positiva

A lo largo de este libro, nos hemos centrado principalmente en la eliminación de las energías negativas de su cuerpo. Esto fue hecho a propósito. Este es un libro para principiantes, y lo primero que la mayoría de la gente tiene que hacer cuando se enteran de sus chacras es claro ellos. Aun así, es importante entender que la vida no se trata sólo de su energía, se trata también de la energía de las personas, lugares y cosas que le rodean.

La energía fluye en vosotros, y que fluye de ti. Ya sea que lo sepa o no, usted está enviando energía hacia el mundo. La pregunta es si usted está enviando energía positiva o energía tóxica.

A medida que limpian sus chacras y lograr el equilibrio, va a generar energía positiva que se puede enviar al mundo. Parte de esta energía se generará de forma pasiva. Es probable que haya notado cómo algunas personas parecen iluminar cualquier habitación que entran. Esto se debe a que irradian energía positiva de forma natural. Pero también se puede enviar conscientemente energía positiva en el mundo.

Al ayudar a la gente, hablando amables palabras, y haciendo todo lo posible para ser una persona bien que se extendió alrededor de energía saludable. Y como hemos mencionado antes, lo bueno de energía positiva es que no necesariamente se pierde a causa de ser enviados a otros. Ayudar a las personas pueden aumentar su propia fuerza espiritual.

Una de las cosas maravillosas acerca de este universo es el hecho de que lo mejor que podemos hacer por nosotros mismos es a menudo haciendo algo bueno por otra persona. Mucha gente le gusta creer que los seres humanos son esencialmente malo y egoísta, pero la verdad es que estamos hechos para ser una fuerza positiva en este mundo. Como se quita la negatividad de su cuerpo y su vida, se llega a entender su propósito.

Conclusión: El aumento de sus vibraciones para emitir energía

¡Felicitaciones por terminar el libro! Si usted ha leído a través de todo el libro, entonces ya está equipado con los conocimientos básicos necesarios para equilibrar sus chacras, liberarse de energía tóxica, y experimentar la curación real.

Si va a omitir todo el libro, eso también está bien. Este libro no es una novela que se supone que deben leer de una vez y dejar a un lado, es más como un manual que se debe tener a la mano para que sepa cómo hacer frente a cualquier problema que pueda surgir. Lectura a través de la información de este libro una vez es útil, pero tendrá que meditar en el significado más profundo y tomar medidas concretas si realmente quiere ser dueño de esta sabiduría.

Todo esto es parte del camino espiritual que cada uno de nosotros está encendido, lo sepamos o no. Este libro sólo ha arañado la superficie de la gran montaña de la sabiduría que ha sido almacenada por innumerables generaciones de buscadores espirituales.

Ahora, usted es una parte de esta gran cadena de la humanidad que se remonta en las brumas de la historia antigua. Su potencial espiritual es ilimitado, la única pregunta es qué tan lejos está dispuesto a ir.

Energía radiante

El camino por delante de usted podría ser largo, pero si usted está abierto al universo que nunca se quedará sin energía. Vivimos en un universo hecho de energía. Desemboca en nosotros y nos irradian hacia fuera. Una de las razones por las que nos pusieron en esta tierra es jugar nuestra parte en la cadena infinita de intercambio de energía que conecta toda la vida y la materia en este universo.

Es todo acerca de la perspectiva. Las personas sin esta amplia vista a menudo se abstuvieron de prácticas totalmente abrazan como el yoga y la meditación. Es la idea de que se trata de actividades egocéntricas. La idea de pasar largos períodos de tiempo mirando hacia el interior se puede sentir como un lujo o una indulgencia cuando el mundo exterior parece demandar nuestra atención a todas horas del día. Pero la realidad es que toda esta idea es completamente hacia atrás. Las personas que son capaces de mirar dentro de sí mismos y alcanzar el equilibrio personal están en la mejor posición para curar a todo el mundo.

Si alguna vez has volado en un avión, entonces usted ha visto el canto y la danza, donde un representante de la aerolínea le dice que, en caso de una emergencia, es necesario poner su propia máscara de oxígeno antes de ayudar a alguien más. Esto puede parecer cruel al principio, pero en realidad se habla de una verdad profunda. Así que muchas personas tratan y sacrifican su propio bienestar a proteger a los demás, sólo para terminar arrastrando a todo el mundo en el proceso. Si se intenta poner una máscara de oxígeno en su hijo, entonces ambos son propensos a terminar inconsciente. Si intenta elevar la energía del mundo que te rodea sin equilibrar sus propias energías, entonces usted es tan probable para llevar la energía hacia abajo.

Tomarse el tiempo para equilibrar sus energías y elevar su vibración no necesita tener una eternidad. Pasar unos minutos al día en el yoga y la meditación puede crear un repunte reconocible en energía. Y esta energía puede ser contagiosa. Esto se debe a que este mundo no es un juego de suma cero, donde todo el mundo está luchando por una cantidad fija de energía. La verdad es que, así como cada chacra es parte de un sistema mayor, lo mismo vale para cada persona. Como cada uno de nosotros equilibrar nuestras propias energías, se eleva el flujo global de energía aumenta y la vibración de la especie.

Una cosa que usted aprenderá a medida que descubre las verdades profundas que existen dentro y alrededor de ustedes es que todo es lo mismo. Los sistemas que existen en su interior también existen dentro del planeta. La única diferencia es la escala.

Ese es el mensaje hermoso de todo esto, todo está conectado. Por curarse a sí mismo, se está trabajando para sanar el planeta. Esto no quiere decir que usted necesita para sentirse responsable de todo el mundo, pero sí quiere decir que usted no tiene que sentirse como si estuviera indefenso en la cara de un resfriado y mundo indiferente. La verdad es que eres parte de un mundo que está viva y vibra con la energía de mil millones de almas.

Hoy es tu oportunidad de curarse a sí mismo y sanar el mundo. Estamos muy lejos de ser perfecto, pero es como se suele decir, el primer paso es siempre el más difícil.

CPSIA information can be obtained
at www.ICGtesting.com
Printed in the USA
BVHW041409050321
601819BV00007B/260